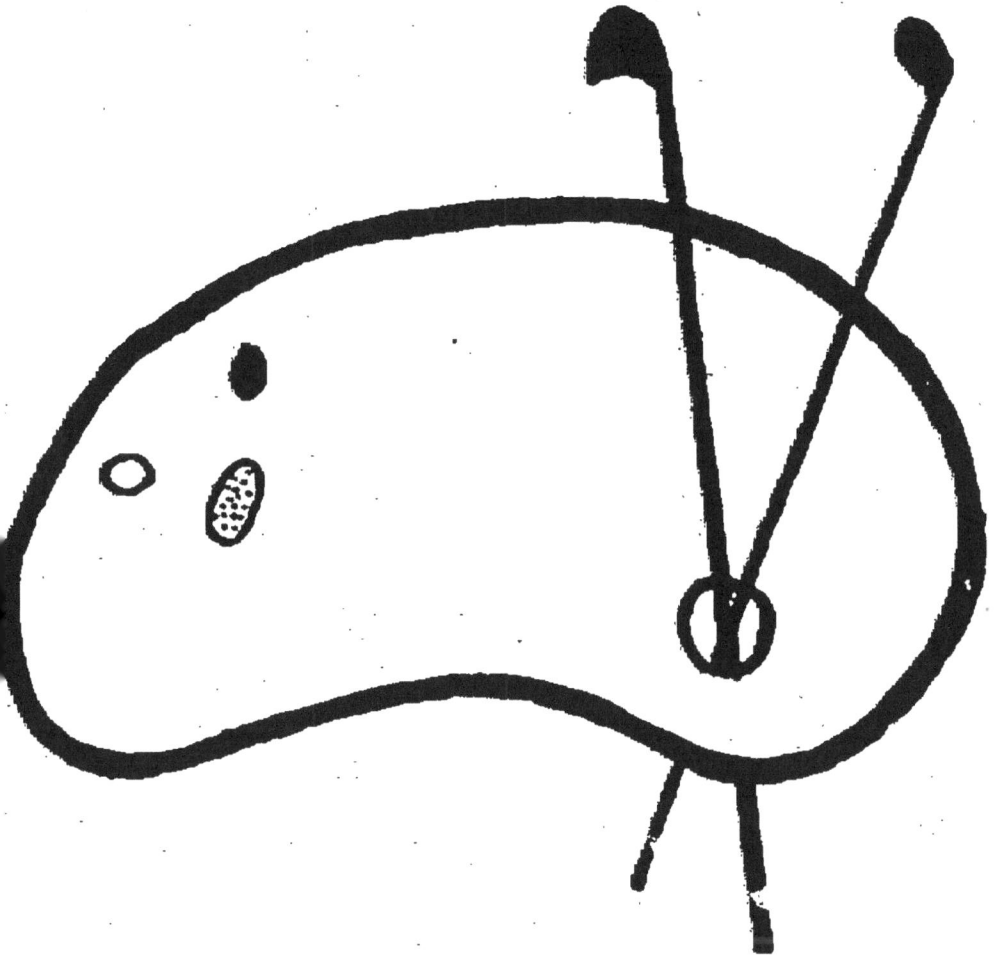

COUVERTURE SUPERIEURE ET INFERIEURE
EN COULEUR

89

EN ANJOU

SOUVENIRS

D'UN

PÊCHEUR DES PONTS-DE-CÉ

PAR

P.-L. BECHET

LA LIVRAISON : **10** centimes
LA SÉRIE : **50** centimes

L'Ouvrage formera de **25** à **30** Livraisons ou **5** à **6** Séries.

ANGERS

LIBRAIRIE RÉPUBLICAINE

RUE BODINIER

EN VENTE

A LA

LIBRAIRIE RÉPUBLICAINE

RUE BODINIER

A ANGERS

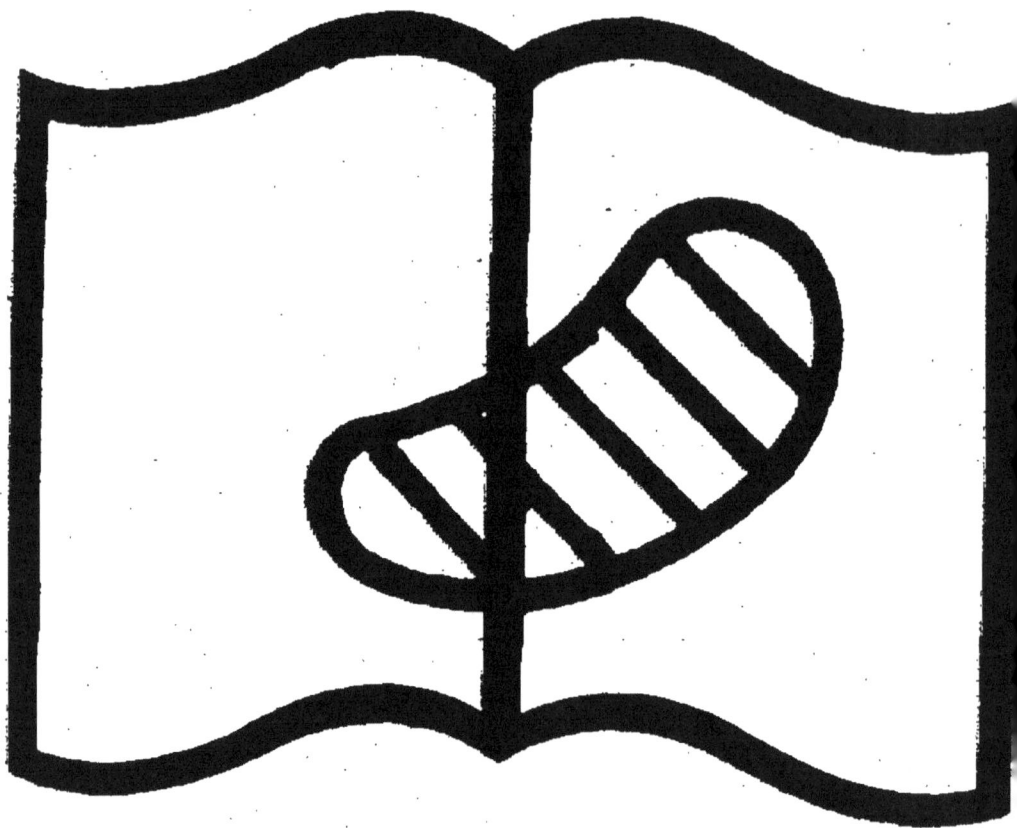

Illisibilité partielle

Écrire soi-même les faits auxquels on a assisté, auxquels on a pris une part plus ou moins active, est une bonne et utile pensée. Si ces notes, jetées sur le papier au fur et à mesure des évènements et pour ainsi dire au jour le jour, n'ont pas d'importance pour le temps où elles sont écrites, elles peuvent rendre d'immenses services dans l'avenir ; c'est avec elles qu'on fait l'histoire.

Une bonne fortune m'a fait mettre la main sur des papiers de cette nature. J'en détache aujourd'hui quelques fragments qui constituent, à mes yeux, une des parties les plus instructives de l'histoire de notre Anjou, pendant le grand mouvement libéral de 1789.

Puisse ce récit, emprunté aux souvenirs d'un obscur pêcheur des Ponts-de-Cé, faire voir aux habitants de nos campagnes ce qu'ils ont gagné à notre grande Révolution et ce qu'ils perdraient à laisser confisquer ce qui nous en reste.

P.-L. BÉCHET,

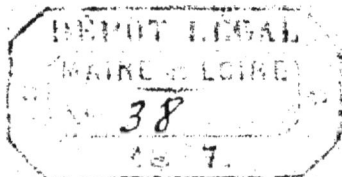

Imprimerie du Commer e

89 EN ANJOU

PAR

P.-L. BÉCHET

———>—*—<———

I.

Projet de mariage.

Le samedi 6 octobre de l'an 1787, au point du jour, comme j'ouvrais les contrevents de notre pauvre masure, ma femme, qui n'était pas encore levée, me demanda quel temps il faisait.

J'allongeai la tête par la fenêtre.

Notre baraque, car ce n'était qu'une baraque, était bâtie à cinq ou six toises en amont du pont Saint-Aubin des Ponts-de-Cé; elle était élevée de quelques pieds seulement au-dessus du niveau des grandes eaux.

Un brouillard épais couvrait la rivière et je n'étais pas même capable d'apercevoir les trois arches en bois qui formaient le milieu du pont. Avec cela soufflait un mauvais vent de l'Ouest qui me jetait au visage un air glacial et chargé d'humidité.

« Mauvais temps, Catherine, dis-je à ma femme,

il ne fera pas bon aujourd'hui jeter nos filets en
Loire; triste journée qui s'apprête! »

Catherine Lusseau, que j'avais prise à Trélazé,
était la fille d'un ouvrier d'à-haut; elle m'avait
toujours donné beaucoup de contentement; c'était
une femme de courage, dure à la misère et surtout
de bon conseil. Jamais je n'entrepris rien dans ma
vie sans lui demander son avis, et je m'en suis
souvent bien trouvé, car elle voyait toujours plus
juste que moi.

« Tu ne prendras rien aujourd'hui, Germain, me
dit-elle. Si tu voulais m'en croire, tu irais à Angers.
Il faut voir ce procureur, vois-tu, puisque c'est le
parrain du fils au père La Perrière, et qu'on dit
qu'il n'a pas d'enfant; c'est un homme à consulter.
Sais-tu qu'il pourrait bien un jour faire ce garçon-là
son héritier, et que ça ne serait pas une mauvaise
affaire pour notre fille? On le dit très-riche, ce procureur.

« — Tu as raison, Catherine, je ne prendrais
pas un goujon aujourd'hui; avec cela que le temps
se prépare de façon à ne pouvoir tenir sur l'eau.
Tu me conseilles donc d'aller à la ville?

» — Oui, va; tâche de savoir ce que M. Silleux
pense de son filleul. Jacques Ciron m'a tout l'air
d'un bon garçon, mais quand il s'agit de lui donner
sa fille en mariage, tu comprends qu'on ne peut
trop prendre de précautions.

» — Eh bien, c'est cela, Catherine, je m'en vais aller à Angers. Lève-toi, donne-moi ma culotte de serge brune et mon habit olive ; il faut bien avoir l'air un peu cossu pour aller voir un procureur. Je m'en vais tuer le ver et je me mettrai en route. »

Il faut vous dire que le dimanche d'avant, 30 septembre, Michel Ciron, un vieux soldat du régiment de Piémont, qui était rentré dans son petit bourg de Sorges après avoir fait toutes les campagnes du règne du roi Louis XV, et avait repris son ancien métier d'ouvrier d'à-haut, était venu me demander ma fille Rose en mariage pour son fils Jacques, un grand gaillard de vingt-trois ans qui travaillait avec lui aux *Petits-Carreaux*.

Michel Ciron, qui n'était connu à Trélazé et à Sorges que sous le nom du père La Perrière, était un brave et digne homme, un grand vieillard à cheveux gris, l'air décidé, un cheval au travail, pas trop buveur quoique vieux soldat, et surtout point commode avec ceux qui lui faisaient des injustices. Son fils Jacques, taillé comme lui, était la douceur même comme caractère.

A la *Baillée des filles*, notre première assemblée, le jour de l'Ascension qui cette année tombait le 17 mai, j'avais déjà vu que Jacques Ciron avait plusieurs fois invité Rose à danser avec lui, car on ne se privait pas de danser ce jour-là aux Areaux. A la Saint-Maurille, notre seconde assemblée qui

eut lieu le 16 septembre, j'avais encore observé la
même chose. Pour dire vrai, je ne voyais pas cela
d'un mauvais œil. Rose était assurément une des
plus jolies Ponts-de-Céïaises qu'on pût voir en
Saint-Aubin, dans l'Ile-Forte et en Saint-Maurille :
mais la pauvre fille n'avait rien que ses dix-huit
ans ; ma pêche me rapportait tout juste de quoi
vivre. Tandis que le père La Perrière était arrivé à
se créer un petit avoir. Sa qualité d'ancien soldat
lui avait donné une sorte de position dans le bourg
de Sorges, il y était considéré comme un person-
nage ; il avait acquis une maisonnette et un petit
jardin, et enfin lui et son fils passaient pour de fins
ouvriers dans leur partie.

Malgré cela le conseil de ma femme était bon. Il
y avait à Angers, rue de l'Aiguillerie, un bourgeois
qu'on appelait M. Silleux. Il occupait une charge
de procureur (1). Il avait trois maisons à la Pyramide et une ferme à Sorges. Je ne sais comment
cela s'était passé, mais il se trouvait être le parrain
de Jacques Ciron. Ma femme me conseillait donc
depuis quelques jours d'aller le voir, de lui parler
des Ciron et de lui dire que notre fille Rose était
demandée en mariage par le fils du père La Perrière.

_____

(1) Les procureurs, sous l'ancien régime, exerçaient les
fonctions des *avoués* de nos jours.

Le mauvais temps aidant, le conseil me parut bon à suivre, et je me décidai à aller à la ville.

Après avoir cassé une croûte en buvant une tassée de boisson de cormes, je mis mon habit olive, ma culotte de serge brune et mon gilet à ramages; puis, sur les neuf heures, je pris la route d'Angers. Avant de partir j'avais toutefois recommandé à Catherine d'aller, dans le courant de la journée, avec ma petite toue, lever les boisselles sur le bord de l'Ile-Forte, pour le cas où quelques anguilles s'y seraient engagées.

II

Ce que je vis aux Cordeliers

C'étaient de tristes chemins que nos routes à cette époque! Celle qui menait à Angers était défoncée par endroits, il y avait de véritables mares, des ornières à s'embourber jusqu'à moitié jambe : il fallait faire attention à ses pieds pour éviter les flaques d'eau. Et Dieu sait pourtant ce qu'il y passe de gens, de cavaliers, de chaises de poste! C'est le seul et unique passage pour ceux qui vont dans le pays bas, en Vendée, en Gascogne, et pour ceux du pays bas qui se rendent dans le Maine et la Normandie.

Tout en cheminant, je maugréais contre le mauvais état de la route. Je me disais que si maître Jean-Gaspard Gauvillier, qui l'année d'avant avait fait l'acquisition du château des Ponts-de-Cé et qui s'intitulait si fièrement « seigneur du château et des Ponts-de-Cé, » je me disais que si maître Gaspard

avait eu un peu de cœur et de compassion pour
nous, misérables manants passant notre vie à gein-
dre et à suer pour lui, pour le marquis de Contades,
pour les moines de Saint-Aubin, pour payer la dîme,
les impôts, la gabelle et la corvée, il aurait bien dû
s'arranger au moins de manière à nous faire entre-
tenir la route d'Angers.

Quant à notre vrai seigneur et maître, le posses-
seur du petit fief des Ponts-de-Cé, le maréchal de
Contades, il était gouverneur d'Alsace; on ne le
voyait jamais; quand il venait en Anjou, chaque
année, ce n'était point pour visiter son misérable
domaine des Ponts-de-Cé, mais pour séjourner dans
son beau château de Montgeoffroy. Cependant on ne
disait pas trop de mal de lui, il avait même la répu-
tation d'être assez bon au pauvre monde.

A l'Image de Moru, la route devenait plus facile
à marcher. C'est qu'à partir de là, l'entretien était à
la charge d'Angers. Ce qui me faisait dire en moi-
même que les gens des villes sont toujours mieux
que ceux des champs ou des bourgades, parce qu'ils
sont plus au courant des affaires, plus instruits,
qu'ils savent s'unir et s'entendre quand il s'agit de
faire quelque chose pour l'intérêt de tous et de chacun en même temps.

Tout en songeant à ces choses et à bien d'autres
sur la misère du temps présent, j'étais arrivé près
de la ville. Dans la rue Châteaugontier je vis qu'il y

avait plus de mouvement que de coutume ; les gens allaient et venaient, beaucoup se dirigeaient comme moi du côté du faubourg Bressigny.

Là, dans ce faubourg, c'était encore bien plus animé ; tout le monde se rendait vers le fossé de l'enceinte. Les uns prenaient par la porte Saint-Aubin, les autres, en plus grand nombre, suivaient le long du fossé et prenaient par la porte Grandet. Je fis comme ces derniers. Je me disais que bien sûr il devait y avoir quelque curiosité dans la ville ce jour-là.

Dans la rue de l'Hôpital, il y avait foule ; j'entendais de tous côtés parler d'assemblée, de réunion, de procession, de messe, des Cordeliers, que sais-je enfin ! de choses que je ne comprenais point, parce que je ne savais pas ce dont il était cas. La petite rue Puette, qu'on appelle ainsi parce qu'elle est remplie d'un tas d'ordures et de saletés qui soulèvent le cœur rien que d'y penser, regorge t d'une populace d'hommes et de femmes de mauvaise mine. C'était là que logeait alors la crapule d'Angers ; le monde y était aussi dégoûtant que la rue. On a changé son nom depuis ; on l'appelle maintenant la rue Musquée ; je me suis souvent demandé si c'était par manière de plaisanterie.

Sur la place Falloux, c'était une vraie fourmilière. Il y avait là des gens de toutes sortes, des bourgeois avec leurs dames, des ouvriers en tenue de travail, des femmes, des enfants ; tout ce monde semblait vouloir pénétrer par le porche des Cordeliers.

Je descendis plus bas jusqu'à la rue du Lion-d'Or ; alors je vis un grand mouvement du côté de l'entrée des Cordeliers. Je parvins à m'y faufiler. La foule, de ce côté, était rangée sur deux haies, contenue à grand'peine par la troupe. Là, je vis défiler gravement, au milieu de la rue, en grand costume de cérémonie, une vingtaine de personnages avec escorte en tête et en queue. Il y avait des prêtres, des abbés, des chanoines, des seigneurs de haut parage et de riches bourgeois.

Près de moi j'entendais une femme qui disait à sa voisine, une campagnarde :

« Tenez, voyez-vous, la Bertrand, celui-là qui est en avant ? Eh bien, c'est M. l'abbé de Villeneuve, le vicaire général du diocèse. C'est lui qui doit dire la messe.

« — Êtes-vous sûre ?

« — Oh ! bien sûre, c'est Louis Trubleau, le menuisier de la rue Valdemaine, le beau-frère de son valet de chambre, qui l'a dit à mon homme ?

« — Et celui-là, le plus près de nous, en tête de la noblesse ?

« — Ça, ma chère, c'est le comte Walsh de Serrant, un grand seigneur, à ce qu'on dit, qui possède un des plus beaux châteaux de l'Anjou.

« — Oh! pas plus beau toujours que celui de M. le comte de Cossé que j'aperçois là derrière lui.

« — Où est-il son château à ce Cossé ?

« — Eh! mais, à Brissac donc! Comment vous n'avez jamais entendu parler des Cossé ?

« — Dame! si vous vous imaginez qu'on peut connaître tous vos seigneurs de campagne! Quant à son château, vous pouvez être sûre et certaine qu'il ne vaut pas celui de Serrant.

« — Qu'en savez-vous, puisque vous ne le connaissez pas ?.... Au surplus, qu'est-ce que ça me fait ?... Et ceux-là qui sont tout de noir habillés, qu'est-ce que c'est donc ?

« — Ça, ma bonne Bertrand! Que vous êtes pourtant en retard dans votre Brissac! mais c'est le Tiers-Etat. Ce sont les députés des bourgeois à l'Assemblée Provinciale. Les autres, la Noblesse et le Clergé, les vexent toujours ; mais vous verrez qu'ils finiront par être les plus forts. Tenez, voici M. Boullay du Martray, notre ancien maire, procureur du roi en l'Hôtel-de-Ville. A côté de lui, à sa gauche, c'est M. Desmazières, conseiller au présidial d'Angers.

« — Ah! ça, mais qu'est-ce qu'ils vont faire à cette église des Cordeliers ?

« — Ils vont à la messe. C'est aujourd'hui que se réunit, pour la première fois, la grande Assemblée Provinciale d'Anjou, ordonnée par le roi Louis XVI ;

et vous savez bien que toutes ces choses-là, ça commence toujours par une messe.

« — Si encore ça servait à quelque chose ! »

A ce moment le cortége était dépassé ; la foule se referma et je n'entendis plus rien de la conversation de mes deux voisines.

Cependant j'en avais assez entendu pour savoir à peu près ce dont il s'agissait. Je me tirai comme je pus du tohu-bohu ; je descendis la rue de Saint-Georges, et, par la rue Saint-Laud, je parvins jusqu'à la rue de l'Aiguillerie où je m'enquis de la demeure de M. le procureur Silleux.

III

M. le Procureur Silleux

Je n'eus pas grand peine à découvrir la demèure de M. Silleux. Je crois que c'était un homme bien connu dans le quartier.

Je le trouvai assis à sa table de travail, dans son cabinet tout rempli de livres et de paperasses. Il avait ses lunettes relevées sur le front et lisait une gazette. C'était un homme de taille moyenne, à l'air doux et affable, qui pouvait avoir de 55 à 60 ans.

Je lui tirai bien respectueusement mon bonnet de laine noire en entrant. Il ne me donna pas le temps de lui adresser la parole, ce qui fut un grand embarras de moins pour moi, car je ne savais comment m'y prendre pour commencer.

« Qu'est-ce qu'il y a à votre service ? me dit-il d'un ton bienveillant.

» — Oh ! pas grand chose, Monsieur le procureur, je viens seulement pour vous demander un petit renseignement.

» — Asseyez-vous, mon ami, et voyons votre affaire.

» — C'est que, monsieur le procureur, ce n'est pas une affaire de justice qui m'amène chez vous ; c'est une affaire de famille, une affaire de mariage. J'ai une fille, on me la demande, et j'ai entendu dire que vous étiez peut-être à même de me donner des renseignements sur le futur.

»—Ah ! très-bien, très-bien ! reprit-il. Mais d'abord comment vous appelez-vous, mon brave ? D'où êtes-vous ? Que faites vous ? »

J'avais pris une chaise et m'étais assis en face de son bureau.

« Je m'appelle Germain Brillaut, monsieur le procureur, je suis pêcheur de mon métier en Saint-Aubin des Ponts-de-Cé. Ma femme, qui est native de Trélazé, se nomme Catherine Lusseau. Il faut vous dire que ma fille unique, Rose, qui a dix-huit ans, est recherchée en mariage par le fils Jacques Ciron de Sorges. Son père et lui sont venus dimanche dernier à la maison m'en faire la demande. J'ai ouï dire que vous étiez le parrain du jeune homme, et aussi que vous étiez un homme de bon conseil. Je viens donc vous trouver, avant de donner ma réponse, pour savoir ce que vous pensez du fils Ciron et si vous croyez que ma fille sera heureuse avec lui. »

Je lui dis ça tout d'une haleine, sans m'arrêter, comme si je l'avais appris par cœur. M. Silleux me regarda un moment avant de répondre, puis il me dit :

« Jacques Ciron en effet est mon filleul, et je lui porte beaucoup d'intérêt. C'est un garçon qui a de bonnes qualités, travailleur, rangé, soigneux, caractère doux, et je le crois bien fait pour rendre une femme heureuse. Maintenant sous le rapport de la fortune, les Ciron ont quelque chose, mais....

» — Oh! monsieur le procureur, lui dis-je en l'interrompant, de la fortune, n'en parlons point s'il vous plait. De ce côté-là ma fille a tout avantage à épouser Jacques Ciron, car je n'ai absolument rien à lui donner, tandis que les Ciron passent pour être assez bien.

» — S'il en est ainsi, reprit M. Silleux, il n'y a plus qu'une chose à savoir : les deux jeunes gens se conviennent-ils, prendront-ils bien ensemble ?

» — Oh! pour cela, monsieur le procureur, s'il est une chose sûre et certaine, c'est que Jacques Ciron aime bien ma fille, et que Rose a l'air bien contente quand il vient à la maison.

» — Dans ce cas, mon brave homme, je ne vois pour mon compte aucun inconvénient à vous dire que vous pourriez faire une plus mauvaise rencontre pour votre fille. Donnez donc votre consentement et j'espère que je serai de la noce, car j'aime bien mon filleul et j'ai beaucoup d'estime pour le père qui est un homme de cœur et de caractère. »

Je remerciai de mon mieux M. Silleux et je me disposais à m'en aller, quand, une idée me passant par la tête, je lui dis :

« Pardonnez-moi, Monsieur le procureur, vous allez dire que je suis bien curieux, mais chez nous autres pauvres manants de la campagne, on ne sait pas grand'chose des affaires, et, ma foi, quand on en trouve l'occasion, on n'est pas fâché de s'instruire. Expliquez-moi donc un peu, si vous en avez le temps, ce que c'est que cette procession que j'ai vue tout à l'heure de messieurs de la Noblesse, du Clergé et du Tiers-Etat qui se rendaient aux Cordeliers.

» — Bien volontiers, mon ami, me dit-il, vous avez grandement raison de chercher à vous instruire sur ces affaires-là, car ce sont les vôtres, voyez-vous ; et si les choses vont si mal par le temps qui court, cela tient à ce qu'il y a trop peu de ceux qui y sont les plus intéressés à s'en occuper. Ecoutez-moi bien.

» Vous n'ignorez pas que les choses sont depuis longtemps en bien mauvais état dans le royaume. Les guerres du grand roi, comme on l'appelle, celles de Louis XV, les constructions fastueuses et les prodigalités de ces deux monarques ont ruiné le pays ; car vous comprenez bien que plus un roi dépense plus il prend au peuple. Ajoutez à cela que ceux qui l'entourent et le servent, suivent son exemple. Aussi

la rapacité du clergé et des seigneurs est arrivée à un
tel point qu'on ne peut plus payer.

» Le roi Louis XVI, à bout de ressources, a eu
recours cette année à un nouvel expédient : il a convoqué une Assemblé des Notables du royaume, espérant par là se tirer d'embarras. Son ministre Calonne a cru qu'il pouvait faire appel aux privilégiés
et obtenir d'eux qu'ils renonceraient, par esprit de
patriotisme, à quelques-uns de ces privilèges qui
leur permettent de tirer du pauvre peuple autant
et même plus que le roi lui-même. Louis XVI et Calonne se sont trompés. Qu'importe à ces privilégiés
que le peuple meurt de faim, que la France même
périsse ! Pour eux, la France c'est eux, et c'est eux
seuls.

» Toutefois il faut être juste, les Notables ont
montré qu'ils avaient quelques idées libérales. Ainsi
ils ont admis au début les idées de Calonne sur la
suppression des corvées qui vous tuent vous autres
habitants des campagnes, sur la réformation de la
gabelle qui ruine le peuple, et sur la liberté du
commerce des grains.

» Mais en abolissant ces vexations pour le peuple,
il fallait trouver des ressources d'un autre côté.
C'est alors que le ministre et les Notables n'ont plus
été d'accord. Calonne voulait écorner les privilèges
de la Noblesse et du Clergé ; les Notables regimbè-
rent. Ils virent du reste que le ministre leur avait
caché une partie de la vérité.

» Calonne fut obligé de tout dire. Il avoua que depuis Turgot, le seul ministre vraiment ami du peuple que nous ayons eu, la dette publique s'était élevée à un *milliard six cent quarante-six millions* et que le déficit de chaque année était de *deux cents millions.*

» Ce fut un cri général dans l'assemblée, comme si ces gens-là ne devaient pas savoir que c'était à eux-mêmes, à leur rapacité, que cette situation était due ; et Louis XVI dut renvoyer Calonne.

» Son remplaçant, Loménie de Brienne, archevêque de Toulouse, n'a pas mieux fait. Il a créé de nouveaux impôts et nous nous enfonçons de plus en plus dans le gouffre dont nous ne sortirons, retenez bien cela, que par une Révolution qui bouleversera tout ce qui existe à l'heure qu'il est. »

A ce moment, M. Silleux s'interrompit, il tira de sa poche une petite tabatière en corne, l'ouvrit en la faisant craquer, puis, après lui avoir donné deux ou trois petits coups secs avec le bout du doigt, il me la tendit en disant : « En prenez-vous ? — Vous êtes bien bon, lui dis-je, je n'en prends pas souvent, c'est du superflu que nous n'avons guère le moyen de nous payer nous autres pêcheurs, mais à l'occasion je ne déteste pas une petite prise. »

En disant cela je mis mon doigt et mon pouce dans la petite tabatière et je humai la plus délicieuse prise de ma vie. M. Silleux fit de même, puis après avoir secoué avec son mouchoir quelques grains de tabac qui étaient tombés sur son jabot, il continua :

« Au cours des séances de cette Assemblée, il s'est trouvé un homme, un noble pourtant, mieux inspiré que les autres, qui a fait entendre le vrai conseil. C'est Lafayette. Il a dit qu'il n'y avait qu'un seul moyen de sortir d'embarras, c'est de convoquer une Assemblée nationale. Là-dessus, le comte d'Artois, le frère du roi, lui a demandé arrogamment s'il entendait par là une convocation des Etats-Généraux, qui n'ont pas été réunis depuis plus de 170 ans. « Oui, Monseigneur, répondit Lafayette, et encore mieux que cela. »

» Bien entendu on n'a pas suivi ce conseil, on ne pense pas à le suivre, mais il faudra bien qu'on y arrive.

» Le 25 mai, Louis XVI s'aperçut que les Notables étaient gênants et il les renvoya chez eux.

» En définitive les Notables n'ont pas fait grosse besogne. Ils n'ont sûrement pas tiré Louis XVI d'embarras. Ils ont supprimé, il est vrai, la vexation des corvées; mais en mettant à la place un impôt territorial en argent. Cet impôt qui devait atteindre quelque peu l'aristocratie a failli faire une révolution. Les classes privilégiées ont crié comme si on les écorchait. Et puis, voyez ce qui est arrivé ! Pour qu'un impôt puisse être réclamé aux gens, il est d'usage que l'édit qui l'établit soit enregistré par le Parlement. Eh bien, le Parlement de Paris a formellement refusé d'enregistrer l'édit du roi, déclarant en outre que les États-Généraux de la nation seuls pouvaient trancher les questions de finances.

» En face de la résistance du Parlement, Louis XVI, a voulu faire un coup de maître. Il y a juste deux mois aujourd'hui, il a convoqué le Parlement dans son palais de Versailles, et là, dans un lit de justice, il a ordonné l'enregistrement.

» Le lendemain, à leur tour, les magistrats se sont réunis dans leurs chambres, et ils ont déclaré que l'enregistrement ordonné par le roi était nul et illégal.

» Engagé dans les voies de la violence par son ministre-archevêque, Louis XVI ne peut plus reculer; il ne peut que s'y plonger à corps perdu. Le 15 du même mois, le jour même de l'Assomption, chaque membre du Parlement a reçu une lettre de cachet lui ordonnant de se rendre en exil, à Troyes en Champagne, dans le délai de quatre jours et de ne pas se montrer en public avant son départ.

» A cette nouvelle, les Parlements de Rouen, de Grenoble, de Besançon, de Bordeaux, et notre Parlement de Rennes, ont pris fait et cause pour celui de Paris, et réclamé hautement la convocation des États Généraux. Celui de Bordeaux, qui a parlé un peu plus fort que les autres, a été exilé à Libourne.

» **Mais tout cela a peu duré. Les magistrats des Parlements ne sont point faits** pour comprendre quelque chose aux misères du peuple ; s'ils ont résisté, c'est par pure jalousie, susceptibilité, froissement d'amour-propre. Le Parlement de Paris vient d'obtenir son rappel à Paris, et il a fait sa paix avec Brienne et la cour.

» **Les Notables ont fait quelque chose de mieux que ce que je viens de vous dire ; ils ont créé les Assemblées Provinciales. C'est notre Assemblée d'Anjou que vous venez de voir ce matin se rendant à la messe aux Cordeliers.**

» **Ces assemblées ont principalement pour but d'établir les contributions dans leurs provinces, de les faire trouver plus justes et plus supportables, et de couper court aux réclamations, puisque d'après cela chaque province établira ses impôts elle-même.**

» **Il y a certainement du bon dans cette création, mais il y a bien du mauvais aussi ; c'est le mauvais qui l'emportera sur le bon.**

» **Pour bien faire, il faudrait que les membres de l'Assemblée Provinciale fussent nommés par les intéressés. Pas du tout ; aucun prolétaire n'est admis à voter, pas même dans les réunions préparatoires de paroisses, et les membres qui composent notre Assemblée d'Anjou, sont en définitive des députés choisis par le roi et l'assemblée de la Généralité qui s'est tenue à Tours au mois d'août dernier. »**

M. Silléux s'arrêta. J'étais là devant lui, bouche béante, écarquillant les yeux, dressant les oreilles, osant à peine respirer. Je n'en avais jamais tant entendu sur ces choses-là.

M. Silleux reprit :

« Dites-moi, mon brave homme, savez-vous lire ? »

» — Oui, monsieur, lui dis-je, j'ai eu cette chance-là d'apprendre à lire quand j'étais jeune ; mais ça ne me sert pas à grand'chose, car je n'ai pas souvent l'occasion de lire.

» — Eh bien, me dit-il, il faut lire. Tenez, voici une gazette qui vous instruira. Lisez-la et faites-la lire à vos amis. Quant à l'affaire de votre fille et de mon filleul, vous savez que je compte être de la noce. »

Là-dessus il se leva et moi aussi ; il me serra la main et me dit à revoir.

En m'en retournant aux Ponts-de-Cé, je me disais : « Quel brave homme ça me fait l'effet d'être que ce M. Silleux ! Il a l'air d'avoir de l'intérêt pour le pauvre monde. Il est riche, bien sûr qu'il laissera sa fortune à Jacques Ciron. Allons, tant mieux, ma fille sera heureuse, et moi, après avoir été toute ma vie à la peine, j'aurai au moins quelques jours de contentement, avant de m'en aller là-bas, rejoindre les vieux derrière l'église Saint-Aubin. »

IV

Promesses et Fiançailles

Je l'avoue, j'avais le cœur content en rentrant dans notre petite ville, et je me disais que j'allais mettre la mère de belle humeur. Quant à Rose, j'étais sûr qu'elle allait m'embrasser de joie.

Ça ne manqua pas, en effet. Elles étaient toutes deux sur le seuil de la porte, Rose en train de me tricoter une paire de bas et Catherine dépouillant une belle anguille qu'elle s'apprêtait à nous préparer pour souper.

Ce fut Rose qui m'aperçut la première au tournant de la ruelle.

« Voilà mon père, » dit-elle.

Catherine leva la tête.

« Tu as été longtemps, cria-t-elle en se dressant, son couteau d'une main et de l'autre son anguille, à moitié dépouillée, pendant le long de son tablier. Tu as l'air bien lassé ?

» — Pas du tout, femme, lui dis-je, je ne suis pas le moins du monde fatigué ; et, quand je le serais, la bonne nouvelle que je rapporte m'ôterait la fatigue.

» — Ah ! dit Rose, vous avez une bonne nouvelle ? Et laquelle donc, s'il vous plaît ?

» — Attendez ! attendez ! Donnez-moi le temps d'entrer et de me débarrasser un peu de mes habits des dimanches qui me gênent. Je vous conterai ça tout à l'heure. Allons, Rose, donne-moi mes hardes de tous les jours, et puis après ça nous causerons. »

Ce fut bientôt fait. Pendant que la mère préparait le souper, je racontai mon voyage à la ville. Elles n'en perdaient pas un mot. Le beurre avait beau crier dans la poêle, ça ne les empêchait pas d'entendre.

Lorsque j'eus fini, je dis à Rose :

« Comme ça, ma fille, tu es bien décidée à te marier avec Jacques Ciron ?

» — Oui, mon père, me répondit-elle sans hésiter.

» — Tu l'aimes donc bien ce perreyeur ?

» — Dame, il a l'air si bon garçon !

» — Toutes tes réflexions sont bien faites ?

» — Oui, mon père.

» — Ça ne te fait donc rien de voir que tu vas nous quitter, nous laisser là tous les deux ? »

Elle ne s'était pas attendue à cette réflexion-là,

la pauvrette. Elle ne répondit rien, mais elle baissa la tête, un sanglot lui monta à la gorge, puis elle se cacha la figure dans un coin de son tablier.

« Allons, ma Rose, ne pleure pas. Je ne te dis pas ça pour te faire de la peine. C'est la loi, c'est la règle : les filles sont faites pour se marier et pour suivre celui qu'elles choisissent. Ta mère en a fait autant quand elle s'est mariée avec moi. Je ne te fais pas de reproches.

» — Je reviendrai vous voir souvent, mon père, me dit-elle en elevant la tête. Jacques Ciron ne demandera pas mieux que nous venions chez vous tous les dimanches. Et puis, vous aussi, vous viendrez nous voir à Sorges, de temps en temps.

» — J'y compte bien, ma fille; tu ne nous oublieras point, pas plus que nous ne t'oublierons, ta mère et moi. Allons, voilà qui est entendu. Ne ramasse point mes effets des dimanches, Catherine; demain j'irai à Sorges porter notre réponse au père La Perrière. »

Là-dessus nous soupâmes de bon appétit; puis nous allâmes nous coucher après nous être souhaité la bonne nuit, tous trois bien contents de la journée et le cœur plein de bonheur en songeant au lendemain.

Dès le matin je m'en fus à la première messe, à Saint-Aubin. C'était M. l'abbé Nicolle, le vicaire qui disait la messe. Le curé Frontault nous fit un petit sermon.

Oh! que ce fut curieux le sermon de notre curé Frontault! Je m'en souviendrai toute ma vie. Ce n'était pas assez d'avoir vu par moi-même, la veille à Angers, que MM. les députés à l'Assemblée Provinciale d'Anjou, avaient assisté à la messe de M. l'abbé de Villeneuve ; voilà que notre curé nous dit que chacun de nous devait prier le Saint-Esprit d'éclairer ces messieurs de l'Assemblée.

« Des hommes pervers, nous dit-il, ne cessent, depuis le commencement du siècle, de combattre les principes d'autorité et la religion. Ce sont les incrédules, les philosophes qui se croient plus forts que les ministres de Dieu qui ont reçu la mission de vous diriger dans la voie du salut. Ils ont inventé une nouvelle religion, qu'ils appellent la religion de la raison et ils veulent la mettre à la place du culte du Seigneur.

» Ce sont eux qui font tout le mal, mes frères, ce sont eux qui sont la cause de tous les embarras dont souffre notre pieux et bon roi Louis XVI.

» L'Assemblée qui s'est réunie hier à Angers a été instituée, de même que dans toutes les provinces du royaume, pour remédier au mal. Mais il faut craindre que quelques vipères ne se glissent dans son sein et ne soufflent leur venin dans l'esprit des bons. L'esprit philosophique a tant fait de ravages!

» Priez donc Dieu, mes frères, pour qu'il éclaire les députés de notre Assemblée Provinciale, et que leurs résolutions soient toujours conformes aux intérêts du roi, de la religion et de ses ministres. »

Nous étions là quelques pêcheurs de Saint-Aubin et de l'Ile-Forte, devant l'autel de Saint-Pierre, à gauche en entrant, qui nous regardions d'une drôle de manière en entendant notre curé parler ainsi. Malgré nous, nous pensions à tout ce que nous coûtait le clergé, les curés, les prieurs, les abbayes, les moines prêcheurs et mendiants et tout le reste.

« Grand Dieu ! disions-nous en nous-mêmes, est-il possible de voir des gens pareils se plaindre ! Est-ce que ce n'est pas criant ? Ils ont la dîme de tout ce qui pousse sur la terre ; dans chaque paroisse ils ont une ou plusieurs fermes dans les meilleures terres ; ils ont droit de troupeau à part, ce qui fait que leur bétail va paître un peu partout et une heure avant celui des malheureux paysans ; sur notre pêche, nous autres, il faut que nous leur donnions un dixième, et naturellement ils choisissent les plus belles pièces, qu'ils gardent pour leur usage ou dont ils font argent en les faisant revendre à la ville ; ils ont des colombiers partout, et leurs maudits pigeons dévastent les terres, de sorte que, dans nos vallées de la Loire et de l'Authion, il faut semer double blé et double chanvre pour faire une récolte passable. »

Enfin, le sermon du curé Frontault me travaillait si fort, que si je n'avais pas eu peur de me faire remarquer, je me serais en allé. Mais je me fis une raison et je restai jusqu'à la fin.

Après déjeûner, je pris mon bâton ferré et je partis pour Sorges. L'eau était grande, je dus faire un long détour ; le chemin de la Guilbotte, qui est le plus commode, était inondé.

En partant, ma femme m'avait dit : « Prends ton bâton, Germain, et ne t'en viens pas trop tard, car tu nous mettrais dans l'inquiétude à cause des contrebandiers. »

C'est qu'en effet, depuis quelque temps on voyait pas mal de mauvais sujets qui couraient les chemins la nuit, attaquaient et dépouillaient les passants, heureux quand ils ne les laissaient pas morts sur la place.

Ces hommes étaient pour la plupart des faux-saulniers. Accoutumés à risquer leur vie pour livrer leurs marchandises à destination, ils prenaient vite des habitudes de brigandage ; et quand ils n'avaient point de contrebande à faire, ils pillaient volontiers, détroussaient les voyageurs et souvent ne ménageaient pas plus le pauvre monde que ceux chez qui il y avait beaucoup à prendre.

Tous n'étaient pas de même, assurément ; j'ai connu un honnête garçon de Saint-Maurille qui s'était fait faux-saulnier pour vivre et qui bien certainement n'a jamais fait de mal à personne. Mais il n'en est pas moins vrai que la racaille se livrait bien plus que les honnêtes gens à ce métier aventureux.

J'arrivai à Sorges sur le coup de midi, on sonnait l'angelus. Je trouvai les Ciron en train de dîner. Ils me reçurent à bras ouverts, me firent asseoir à côté d'eux et m'invitèrent du meilleur cœur à partager leur repas, ce que j'acceptai sans cérémonie.

Puis quand on eût mangé la soupe, la mère La Perrière, une bonne grosse commère à figure réjouie, s'apercevant en passant derrière moi que j'étais mouillé, car il avait fait une averse comme je venais :

« Comment, père Brillant, me dit-elle, vous êtes tout trempé et vous ne le disiez pas ! Attendez. Mettez-vous du côté de la cheminée, je vais vous faire une bonne flambée ; ça vous séchera. »

Et, en effet, dans un clin d'œil elle eut allumé un bon feu dont la flamme pétillante me fit grand bien.

Enfin, je vis que j'étais là chez des gens qui avaient le cœur sur la main.

Je le vis encore mieux à la fin du repas, quand nous eûmes parlé de l'affaire qui m'amenait. Lorsque je leur eus dit que ma femme et moi nous consentions au mariage puisque Rose le voulait aussi, Jacques Ciron me serra la main avec un air si content que je crus un moment qu'il allait me sauter au cou. Quant au père La Perrière, il me tendit sa

grande main noueuse et durcie par l'habitude de
manier l'ardoise et les outils de perreyeur, et m'é-
treignit la mienne si fort, que je crus que le sang
allait me sortir sous les ongles. Puis il dit de sa
grosse voix rude :

« Mathurine, va nous chercher une des vieilles
qui sont au bout du bahut dans le bas-côté. »

Mathurine partit et apporta une bouteille toute
couverte de poussière et de toiles d'araignées
qu'elle posa sur la table.

« Ça, Brillaut, dit le père Laperrière, c'est du
vieux ; je le conserve pour les amis et pour les
grandes circonstances. C'est de ma première récolte,
et ça s'est trouvé une bonne année. Puisque vous
venez nous promettre votre fille pour mon Jacques,
c'est un beau jour pour nous, et les promesses de
mariage de nos enfants valent bien la peine qu'on
les arrose d'un verre de ce petit vin blanc-là. »

J'étais tout étonné de voir que les Ciron étaient
dans une position à si bien traiter les gens. Je savais bien qu'ils étaient à l'aise, mais je ne croyais
pas qu'ils avaient des vignes. Je ne les en estimais
que davantage, car enfin, je ne leur avais pas caché
que Rose n'avait rien à apporter en mariage.

On trinqua à la santé de nos enfants, et La Perrière levant son verre :

« Allons, dit-il, je ne mourrai pas, je l'espère,
sans avoir vu mes petits enfants ; ce sera le plus

grand bonheur de ma vie; tu entends, Jacques, tu ne tarderas pas à me faire ce plaisir-là. »

Puis se tournant de mon côté :

« Si vous voulez, Brillaut, à dimanche prochain les fiançailles, chez vous. Nous y serons tous trois à midi. La mère Brillaut nous régalera d'une bonne bouqueture. Tâchez de nous pêcher quelques belles pièces et surtout de ne pas vous les laisser happer par la cure ou les moines de Saint-Aubin. Quant à ce petit vin, nous en trouverons encore une bouteille, ne vous en occupez pas. »

A mon retour à la maison, où j'arrivai avant la nuit, sans avoir fait aucune mauvaise rencontre, tout ce que je racontai sur les Ciron fit bien de la joie à ma femme et à Rose. Aussi, le dimanche d'après, de grand matin, c'était plaisir de les voir toutes deux mettre tout par la place, frotter, brosser, épousseter, fourbir le grand bassin de cuivre rouge, les cuillères et les fourchettes de fer, écharder les carpeaux et les barbillons, dépouiller les anguilles, éplucher les ognons, faire griller les croûtes de pain et les broyer sur la table avec le ventre d'une bouteille pour les mettre dans la sauce de la bouqueture. Quant à moi j'allais et venais par la maison, tâchant d'embarrasser le moins possible et cherchant à les aider en ce qu'il y avait de plus lourd à faire.

Enfin à midi, quand les Ciron arrivèrent, tout était prêt pour les bien recevoir.

On dîna gaiement, comme bien on pense, Jacques et Rose à côté l'un de l'autre, tous deux bien heureux de voir la bonne tournure que prenaient leurs amours.

La Perrière, comme il l'avait dit, avait apporté non seulement une, mais deux bouteilles de ce qu'il appelait son petit vin blanc. On trinqua encore à la santé de nos enfants qui s'embrassèrent sans cérémonie devant nous. Catherine et Mathurine étaient dans le ravissement.

« — Eh bien, père Brillaut, me dit Michel, à quand la noce à présent ?

» — Quand vous voudrez, père Ciron.

» — M'est avis, dit le vieux soldat, que les noces d'hiver ne sont point divertissantes. Si vous m'en croyez, nous mettrons ça au printemps. Nos jeunes gens auront quelques mois pour faire connaissance et se mettre complètement d'accord. Qu'en pensez-vous ? »

C'était six grands mois à attendre et ça ne faisait pas tout à fait l'affaire de nos amoureux ; mais au fond l'avis du père La Perrière était sage et chacun de nous le trouva bon.

Sur les quatre heures, les Ciron nous dirent qu'ils allaient nous quitter, ne voulant pas se mettre dans la nuit par les vilains chemins qu'ils avaient à traverser. Nous sortîmes avec eux pour leur faire la conduite.

V

La fortune des Ciron

Tout en cheminant au pas de promenade, La Perrière faisait compliment à ma femme de sa bonne cuisine.

« Jamais, disait-il, mère Brillaut, je ne me suis pareillement régalé. On a bien raison de dire qu'il n'y a que les pêcheurs et les mariniers à savoir faire la bouqueture comme il faut. »

Elle, Catherine, disait qu'elle n'avait pas grand mérite à ça, l'ayant toujours faite ainsi. Pour moi, je dis à Michel Ciron :

« Soit, Michel, la bouqueture était bonne, mais il faut convenir que votre petit vin blanc était bien fait pour nous aider à réjouir le diner.

» — Sans doute, sans doute, je ne dis pas non ; il n'est pas trop mauvais ce petit vin. On en boit de plus mauvais.

» — Dites-donc, père Michel, lui dis-je, sans être trop curieux, quel âge a-t-il donc ce petit vieux-là ?

» — Ah ! ah ! ah ! fit-il en riant, c'est toute une histoire, ça. Si vous le désirez, je ne demande pas mieux que de vous la conter.

» — Voyons, votre histoire, père Ciron, dit Rose, l'histoire de votre bon vin blanc.

» — Eh bien, voilà, mes amis.

» Il faut que vous sachiez qu'en 1745 j'étais simple caporal aux gardes françaises. Notre infâme roi, Louis XV, pour complaire à sa favorite, Mᵐᵉ d'E-tioles, s'avisa de déclarer la guerre aux Autrichiens. Pourquoi ? On ne sait trop au juste ; à coup sûr ce n'était point dans l'intérêt du peuple. Aussitôt nous entrons en Belgique. C'est le célèbre Maurice de Saxe qui nous commande ; un fameux homme celui-là. Nous rencontrons les ennemis près d'un petit village qui s'appelle Fontenoy. C'étaient les Anglais, car ils étaient contre nous avec les Autrichiens. Cumberland, leur général, voyant que ses troupes avaient déjà beaucoup souffert, avait massé ses forces en une formidable colonne qu'il lança contre notre centre ; il nous charge en lignes serrées. Ça commençait à chauffer, les nôtres tombaient comme des mouches. Mais voilà que tout-à-coup nous nous trouvons, nous les gardes françaises, à cinquante pas de la tête de la colonne anglaise.

» Nos officiers se découvrent et saluent les An-

glais ; les officiers ennemis font de même. Alors un
grand diable d'Anglais, lord Hay, sort des rangs
son chapeau à la main ; il s'arrête à trois pas devant le front de ses hommes : « Messieurs des gardes françaises, nous crie-t-il, tirez ! » Nos officiers
ne veulent pas être en retard de politesse. Le comte
d'Auteroche à son tour sort des rangs, et — je le
vois encore, son chapeau de la main gauche, son
épée de la main droite — il répond à haute voix :
« Après vous, messieurs les Anglais ; nous ne tirons
» jamais les premiers. »

« Il s'écoula quelques instants ; je n'oublierai jamais cette minute-là. C'était dans un champ de blé
tout piétiné ; çà et là seulement on apercevait quelques poignées de froment qui n'avaient pas été cou-
chées par le passage des hommes et des chevaux.
Nous vîmes, au commandement, le premier rang
des Anglais mettre un genou en terre, puis épau-
ler. C'était la mort qui allait pleuvoir comme une
grêle, nous étions tous visés à cinquante pas, et
nous attendions là, sans bouger. Tout-à-coup, notre
première ligne tombe comme sous un coup de vent,
un tonnerre éclate qui couvre les cris des blessés et
des mourants. A notre tour, nous répondons par
une décharge ; mais quelques coups de fusils seulement se font entendre ; il n'y avait plus que quelques hommes debout en première ligne. Inutile de
vous dire que j'étais de ceux-là.

» Malgré ça, les Anglais et les Autrichiens furent

rossés complétement à cette bataille de Fontenoy ;
j'avais rarement vu carnage pareil. Mais bon Dieu,
à quel prix !

» Le soir, après la déroute de l'ennemi, je fus
commandé avec un piquet pour relever les blessés.
C'était quelque chose d'épouvantable que ce champ
de bataille ; par endroit on marchait dans le sang
jusqu'à moitié jambe.

» Tout-à-coup, un grand mouvement se fait, c'é-
tait le roi Louis XV et le Dauphin qui arrivaient.
Tout le temps de la bataille ils étaient restés sur une
colline, hors de la portée des coups et s'amusant à
nous voir nous écharper pour leur fantaisie. Le
cortége passa près de nous ; nous présentâmes les
armes. « Que font là ces hommes ? dit le roi. —
Sire, répondis-je, nous cherchons ceux qui ne sont
pas morts, mais il n'y en a guère. » Alors lui, se retournant vers le Dauphin : « Méditez, mon fils, dit-
il, sur ces champs couverts de morts, et apprenez
à ne pas prodiguer la vie de vos sujets dans des
guerres injustes. »

» Oh ! le gredin, comme je lui aurais d'un bon
cœur envoyé une balle de mon fusil par la tête, lui
qui nous faisait massacrer pour un caprice de sa
favorite, lui qui parlait de guerres injustes et qui
avait déclaré la guerre à l'Autriche pour une affaire
de succession qui ne nous regardait pas le moins
du monde.

» Mais voilà qu'en rentrant au camp, en traver-
sant précisément cette pièce de blé où nous avions
fait aux Anglais la politesse de les laisser nous ca-
narder les premiers, j'aperçois, couché dans un
fossé, le corps d'un officier des gardes françaises.
Je m'approche, je le retourne ; c'était le lieutenant
de ma compagnie. Je le soulève, il ne donnait plus
signe de vie, pourtant il était encore chaud. Je lui
mets la main sur le cœur, il battait encore. Nous
l'emportons à l'ambulance.

» C'était un rude homme que notre lieutenant,
jeune encore, il n'avait pas trente ans, mais qui
promettait. Et puis point brutal ni arrogant avec
le soldat. Il s'appelait Henri de Rochefauve. C'était
un cadet de famille qui était entré aux gardes françaises depuis deux ans seulement ; il venait d'Amé-
rique où l'un de ses oncles avait fait une fortune
considérable aux Antilles.

» Le lendemain on vint me dire que le lieutenant
me demandait. Je courus à l'ambulance. Du premier coup d'œil je vis que M. de Rochefauve était
perdu ; il avait la pâleur de la mort sur le visage et
les lèvres violettes. « Ciron, me dit-il, je vais mou-
» rir. Mais si j'avais pu être sauvé, c'est à toi que
» je le devrais. Je t'estime comme soldat et comme
» homme ; je veux t'en laisser la preuve. Voici
» mon testament que je te confie, mets-le de suite
» en lieu sûr. Si tu survis à cette campagne,

» comme il faut l'espérer, tu remettras ce testament
» à ma sœur Marguerite de Rochefauve que tu trou-
» veras à Brest. Elle te mettra en possession de ce
» que je te lègue par estime et reconnaissance. »

» Les larmes me montaient aux yeux, j'avais la
gorge serrée et je pouvais à peine répondre à mon
pauvre lieutenant. Je lui pris la main en le remerciant de mon mieux et je lui dis même que je me
mettrais en quatre pour rendre service à sa sœur
si elle en avait besoin.

» Dans la soirée il expirait.

» Après la campagne, je demandai un congé et je
me rendis à Brest. Il me fut impossible d'y trouver Mlle de Rochefauve. Tout ce que je pus apprendre, c'est qu'elle était retournée aux Antilles
chez son oncle.

» Je revins à Sorges où je passai quelques semaines. Je fis connaissance d'un procureur d'Angers, M. Silleux, qui possédait une ferme dans
notre village, je lui contai l'affaire et lui remis le
testament. Il me promit de rechercher Mlle de Rochefauve ; puis je rejoignis mon régiment.

» Je n'y restai pas longtemps. C'est vers cette
époque que je passai des gardes françaises au régiment de Piémont avec le grade de sergent que je
devais garder toute ma vie.

» Au milieu des aventures et des guerres aux-
quelles j'étais appelé à prendre part, je ne tardai

pas à oublier le testament de mon ancien lieutenant ; d'autant plus que, quelques années après, étant venu à perdre mon père et ma mère, je ne reçus plus de nouvelles du pays.

» Pendant dix-huit ans, je ne fis que courir les champs de bataille. Mais un beau jour, à la fin de la guerre de sept ans, après la paix de Paris, je finis par me dégoûter du métier militaire. Je revins dans mon village. C'était en 1763. C'est à peine si j'y reconnaissais les gens.

» J'étais là depuis quelques jours seulement, ayant repris mon métier d'ouvrier d'à-haut, ce qui me coûta assez de peine, soit dit entre nous, — depuis le temps que je n'avais manié le doleau et le maillet ! — lorsqu'on vint me dire un dimanche matin que M. Silleux me demandait.

» Le souvenir de mon pauvre lieutenant et de son testament me revint à l'esprit. Je courus chez M. Silleux. Seulement je me disais en route : « Il doit être bien vieux ce procureur, car il me semble qu'il y a dix-huit ans, quand je le vis, il était loin d'être de première jeunesse. »

« Lorsque j'entrai chez lui, je me trouvai en face d'un homme jeune encore. Je lui demandai M. Silleux. « C'est moi, me dit-il. — Pardon, monsieur, » lui dis-je, mais vous n'êtes pas celui que je pen- » sais et que j'ai connu il y a dix-huit ans. — Je » suis son fils, me dit-il. Mon père est mort, et j'ai » pris sa charge. »

» Alors cet excellent homme me raconta que son père avait fini par retrouver Mlle de Rochefauve, qu'il lui avait fait remettre le testament de son frère, et que celle-ci, quelque temps après, lui avait envoyé dix mille livr... qui m'étaient destinées.

» M. Silleux père m'avait fait rechercher à mon tour, mais comme je n'avais plus donné de mes nouvelles au pays depuis la mort de mon père, il avait placé ces dix mille livres en mon nom, attendant patiemment que je donne signe de vie.

» C'était une fortune pour moi ; aussi malgré mon âge, je ne fus pas embarrassé pour trouver une bonne femme de ménage qui voulût de moi. Je me mariai avec Mathurine qui me parut la meilleure de toutes celles qui ne me regardaient pas de travers, et j'achetai la maisonnette où nous logeons. Six ans après j'achetai un petit clos de vignes en Saint-Barthélemy ; la récolte fut superbe ; c'était l'année de la comète.

» Voilà, mes amis, comment il se fait que je jouis sur mes vieux jours d'une petite aisance. J'espère bien qu'elle servira à nos enfants et qu'ils s'arrangeront même de manière à l'accroître encore. »

Nous étions arrivés tout en causant près des moulins du Champfleury. La nuit commençait à se faire ; nous nous quittâmes, et, pendant que les Ciron retournaient à Sorges, nous, nous revînmes tranquillement à Saint-Aubin.

C'est ainsi que malgré la grande misère de ce temps-là, nous avions cependant quelques éclaircies de bonheur. Mais combien hélas! étaient plus malheureux que nous et paraissaient condamnés à traîner leur misère jusqu'au tombeau, sans le moindre espoir de voir leur sort changer!

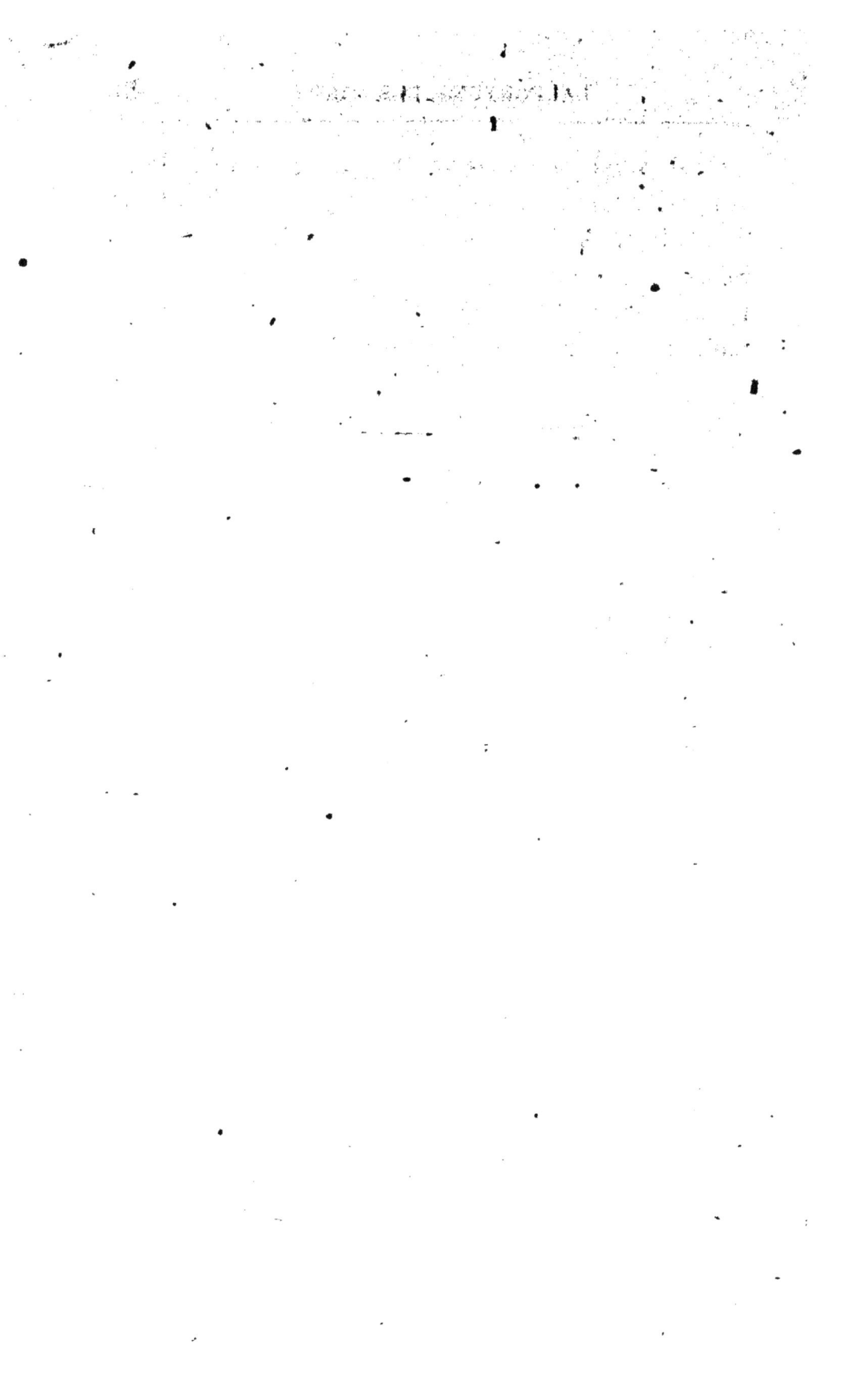

VI

L'Assemblée Provinciale d'Anjou

Depuis ce jour-là, il ne se passa guère de dimanches sans que Jacques Ciron ne vînt nous voir ; ou bien c'était nous trois, ma femme, Rose et moi, qui allions faire un petit tour à Sorges. C'est ce qui arriva le 28 de ce mois d'octobre.

Ce jour-là nous trouvâmes M. Silleux chez les Ciron, et ce qu'il nous dit sur les affaires du temps m'intéressa tellement que je ne veux point oublier de le noter dans mes papiers.

D'abord il parut enchanté de ma fille et dit qu'il n'aurait jamais pu souhaiter meilleure rencontre pour son filleul, ce qui nous flatta beaucoup. Rose, en effet, n'était pas seulement jolie, elle était tout à fait gaie et pleine de vivacité, elle avait l'humeur « godine » comme toutes les Ponts-de-Céïaises, avec cela bon cœur et affectueuse pour ses parents.

Moi, de mon côté, j'étais bien content de revoir
M. Silleux à cause de tout ce qu'il m'avait dit sur
les affaires du royaume, et j'espérais bien encore
m'instruire à sa conversation.

Ce fut le père La Perrière qui mit M. Silleux sur
le chapitre de la politique. Lui aussi avait eu connaissance de cette Assemblée Provinciale d'Anjou
que j'avais vue aller à la messe le 6 de ce mois
d'octobre, et je vis par la suite que le bonhomme
était assez au courant des affaires.

M. Silleux, qui était bien le meilleur homme du
monde, ne se fit pas tirer l'oreille, et sans façon
il nous raconta ce qu'avait fait notre Assemblée
Provinciale.

« Il faut que vous sachiez d'abord mes amis,
nous dit-il, que l'Assemblée a terminé ses travaux
Le commissaire du roi, M. Aubry, premier président des trésoriers de France, lui a annoncé, hier
même, qu'ayant accompli sa mission, « il lui était
permis de se séparer, jusqu'à ce qu'il plût à sa
Majesté de lui donner de nouveaux ordres. » Et
l'Assemblée docile s'est séparée sur cette invitation
qui était pour elle véritablement un ordre.

» Ah ! si Louis XVI comprenait véritablement la
situation du royaume ! Ce n'est pas seulement pour
quelques jours qu'il ferait ainsi appel aux hommes
éclairés de la province ! Il devrait leur confier les
intérêts des populations jusqu'à ce que nous soyons

arrivés à des réformes utiles, et il éviterait de cette manière les malheurs qui tôt ou tard fondront sur la France. »

M. Silleux causa longtemps là-dessus. Je ne veux point rapporter tout ce qu'il nous dit à ce sujet; je n'en finirais pas. Mais voici en résumé ce que notre Assemblée Provinciale avait fait du 6 au 27 octobre.

D'abord je tiens à copier ici les noms de ceux qui en faisaient partie, car plusieurs d'entre eux, ont joué un rôle important dans la suite.

Pour la noblesse, c'était :

Le comte Walsh de Serrant;

Le marquis de Clermont-Gallerande;

Le comte d'Autichamp ;

Le comte de Cossé ;

Et M. Boylesve de la Morousière, homme de moins grande noblesse que les autres, mais qui se montra dans cette Assemblée animé d'un excellent esprit de réformes.

Pour le clergé, notre Assemblée comptait :

L'abbé de Villeneuve, chanoine, vicaire général du diocèse et doyen de l'Eglise d'Angers ;

L'abbé Dalichoux, chanoine également, grand archidiacre de l'Eglise d'Angers et vicaire général du diocèse;

L'abbé de la Myre Mory, prieur d'Ouazé ;

L'abbé Burgevin, chanoine de l'Eglise collégiale de Saint-Pierre d'Angers ;

Le chanoine Martinet, prieur-curé de Daon ;

Et dom Massey, prieur claustral de l'abbaye royale de Saint-Florent de Saumur.

Enfin pour le Tiers-Etat, nous comptions : _

M. Tessier de Douaillon, maire de Châteaugontier ;

M. Cailleau, assesseur de ville à Saumur ;

M. Bouïlay du Martray, écuyer, ancien maire d'Angers et procureur du roi à l'Hôtel de Ville ;

M. Thomas-Marie-Gabriel Desmazières, conseiller au présidial d'Angers. qui fut plus tard un des hommes les plus dévoués aux idées nouvelles ;

M. Desmé, sieur de Puy-Girault, lieutenant général de police à Saumur ;

M. Noël, notaire à Châteaugontier ;

M. Victor Bodi, avocat au présidial d'Angers ;

M. Lasnier de la Tour, maire de Baugé ;

M. Paulmier, lieutenant de l'élection d'Angers ;

M. Halbert, sénéchal de Craon ;

Et M. Davy des Piltières, avocat du roi au présidial de la Flèche.

Voilà quelle était la composition de l'Assemblée Provinciale d'Anjou quand elle se réunit le 6 octobre dans la salle de l'Hôtel de Ville d'Angers près la porte Saint-Michel et la place des Halles.

Comme on voit, il y avait cinq représentants de la Noblesse, six du Clergé et onze du Tiers. Mais tous ces députés étaient réellement choisis par le roi, et c'était bien du hasard s'il s'en trouvait quelques uns de sincèrement dévoués aux idées de réformes que la France appelait à grands cris.

M. Aubry, premier président des Trésoriers de France à Tours, fut délégué par le roi auprès de l'Assemblée Provinciale d'Anjou, en qualité de commissaire; c'était lui qui devait ouvrir et clore l'Assemblée au nom du roi, et représenter le pouvoir royal auprès d'elle. Le président, nommé également par le roi, fut M. le duc de Praslin.

Dans sa première séance, l'Assemblée nomma son greffier qui fut M. Barbot, ancien procureur au présidial d'Angers. Elle choisit ensuite deux procureurs généraux syndics qui furent élus au scrutin. Ces deux procureurs furent : pour les deux ordres de la Noblesse et du Clergé, M. le comte de Dieusie; pour le Tiers, M. Duvau, ancien président au présidial.

M. le comte Louis de Dieusie n'était pas un mauvais choix sous le rapport des idées qui commençaient à se faire jour. Retiré dans son château de Dieusie près Segré, il employait son temps beaucoup plus utilement que bien d'autres nobles ; il élevait des troupeaux de moutons qui produisaient une belle laine, s'occupait d'améliorer la culture des terres par des moyens nouveaux, plantait des pépinières, établissait près de son château une fabrique de tuiles et de poteries ; en un mot c'était un homme qui avait le goût du travail, non-seulement dans son intérêt particulier, mais surtout au point de vue de l'intérêt général.

Quant à M. Duvau, son grand âge et ses infirmités l'empêchèrent d'accepter et il fut remplacé par M. Desmazières.

M. Thomas-Gabriel Desmazières, qui était capitaine des chasses de l'Evêché d'Angers pour la baronnie de Chalonnes, conseiller au présidial, administrateur de l'Hôpital général d'Angers, chancelier de l'Académie, était, comme son ami Louis de Dieusie, un des hommes de l'époque les plus disposés aux réformes.

C'était presque un de nos compatriotes ; il était né à Beaulieu où sa famille possédait un beau château connu sous le nom d'hôtel Desmazières. Son père et son grand-père avaient été juges sénéchaux du comté de Vihiers.

Son élection au poste de procureur général syndic de l'Assemblée Provinciale laissait une place vacante parmi les représentants du Tiers-Etat. L'élection de son remplaçant causa une discussion. L'Assemblée choisit à la majorité, pour représenter le Tiers, le comte de Choiseul, le fils du duc de Praslin qui présidait l'Assemblée. C'était assez singulier d'aller chercher un gentilhomme pour prendre les intérêts des roturiers. Aussi quelques députés du Tiers firent-ils entendre de vives protestations. On en tint compte et c'était justice. Il fut consigné au procès-verbal que cette nomination de M. de Choiseul ne tirerait pas à conséquence et que par la suite on ne pourrait s'en autoriser pour nommer un membre du clergé ou un noble comme représentant du Tiers-Etats, à moins qu'il ne fût désigné par ses fonctions.

Quoi qu'il en soit M. de Choiseul resta représentant du Tiers-Etat, l'Assemblée avait trop à cœur de flatter son président.

Au début il y eut un beau discours prononcé par le comte Walsh de Serrant. Le noble comte, sans se montrer partisan de la réformation des abus, parla avec beaucoup d'à-propos sur la nécessité d'améliorer l'agriculture, de la débarrasser de la routine et des préjugés qui repoussent les changements.

Certes, il avait bien raison, car c'était vraiment la plus grande pitié de voir tant de terres incultes ou ne produisant pas le quart de ce qu'elles auraient pu donner par suite de la mauvaise culture. Mais les beaux discours ne pouvaient pas faire grand' chose. Le paysan était peu soucieux d'améliorer ses terres ; il disait : « A quoi bon m'échiner à changer quelque chose à nos vieux usages ! Plus je travaillerai et plus je produirai, plus le couvent et les nobles m'en prendront. Si encore j'avais l'espérance, à force de travail, d'arriver à jouir de quelques années de repos sur mes vieux jours ! Mais non, jusqu'au cercueil il me faudra suer et ahaner sans pouvoir compter sur un jour de délassement. »

C'était donc aux abus qu'il fallait s'en prendre plutôt que de prêcher les bonnes méthodes. C'était le sort du malheureux paysan qu'il fallait d'abord améliorer ; une fois plus heureux, il se chargerait bien ensuite lui-même, du moment où il y trouverait un petit intérêt, de faire produire à ses terres le double et le triple de ce qu'elles donnaient alors.

Sur ce sujet-là M. Silleux ne tarissait pas. C'était un homme qui comprenait aussi bien que nous, sinon mieux, les misères du pauvre monde.

Quant au père La Perrière, il entrecoupait de temps en temps les paroles de M. Silleux par des réflexions qui me faisaient voir que c'était un homme qui avait de fortes idées dans la tête.

Moi, j'écoutais sans rien dire, tâchant de m'instruire.

Les femmes, avec Rose et Jacques, étaient allées faire un petit tour de promenade, malgré le temps brumeux, du côté du pont de Sorges, chez un ami de Michel Ciron.

Une des premières choses que fit l'Assemblée Provinciale d'Anjou, ce fut, pour faciliter le travail, de diviser la province en districts. De cette manière, il devait être plus aisé de pourvoir à tous les besoins. On nomma pour cela une commission. Elle fut composée de MM. Dalichoux, Boylesve de la Morousière, Boullay du Martray et Paulmier.

Voici ce qui fut définitivement arrêté par l'Assemblée après le travail de la commission.

D'abord on tint compte de la division en élections qui existait déjà; puis chaque élection fut partagée en un certain nombre de districts.

L'élection d'Angers en compta six : ceux de la ville d'Angers, de Brissac, de Beaupreau, de Saint-Georges-sur-Loire, de Châteauneuf et de Segré.

L'élection de Châteaugontier fut partagée en deux districts : ceux de Châteaugontier et de Craon.

L'élection de La Flèche en deux aussi : ceux de Sablé et de La Flèche.

L'élection de Baugé en deux : ceux de Baugé et de Château-la-Vallière.

L'élection de Saumur en deux : ceux de Saumur et de Doué.

Enfin l'élection de Montreuil-Bellay comprenait les deux districts de Montreuil-Bellay et de Cholet.

M. Silleux disait, à ce propos, que l'idée était bonne, mais l'exécution mauvaise; il prétendait que si les membres de l'Assemblée avaient un peu mieux connu leur province, ils auraient fait des divisions plus convenables. D'ailleurs cela ne devait pas durer longtemps.

Il fut décidé après cela que ces districts, pris deux à deux, auraient des représentants des trois ordres à l'Assemblée Provinciale, représentants qui seraient pris dans l'Assemblée telle qu'elle était composée et également en dehors.

Il y avait encore une bonne chose dans l'institution de cette Assemblée, c'est que, pendant son absence, car elle ne pouvait pas toujours être en séance, elle serait remplacée par une Commission intermédiaire qui ferait exécuter ce qui aurait été décidé et communiquerait avec les districts. Les membres de la première Commission intermédiaire furent MM. l'abbé Dalichoux pour le Clergé, Boylesve de la Morousière pour la Noblesse, Paulmier et Bodi pour le Tiers-Etat.

Ensuite l'Assemblée se compléta. En effet, telle qu'elle était au début, elle n'était pas complète ; le roi l'avait ainsi composée pour pouvoir la tenir dans sa main et la diriger. Il n'y avait pas grand inconvénient, après avoir choisi le plus grand nombre de ses membres, à la laisser se compléter elle-même par voie d'élection.

On procéda donc à la nomination des membres complémentaires. Ce furent :

Pour la Noblesse : M. Goislard de Montsabert, conseiller au parlement de Paris qui représenta l'élection de Saumur, et M. le comte de Ruillé pour l'élection de Châteaugontier.

Pour le Clergé : M. de Maillan, abbé de St-Georges-sur-Loire, représentant de l'élection d'Angers, et dom Brocard, prieur du Louroux, pour l'élection de Baugé.

Enfin le Tiers-Etat eut cinq députés de plus : M. Gautier, sénéchal de Beaupreau, et M. Ricou, bailli de

Pouancé, pour l'élection d'Angers ; M. Bariller de Pallée, lieutenant des eaux et forêts, pour l'élection de Baugé ; M. Blouin, auditeur à la chambre des Comptes de Bretagne et M. Moricet, un négociant de Cholet, pour l'élection de Montreuil-Bellay.

Quand ce travail fut fait, le commissaire du roi, M. Aubry, déclara à l'Assemblée que sa première session était close et qu'elle devait prendre trois jours de vacances. C'était le 17 octobre.

M. Silleux en était là de son récit, quand ma femme nous fit remarquer que le jour baissait et que nous n'avions que le temps de nous rendre, si nous ne voulions pas nous mettre en nuit.

Le conseil était sage. Aussi nous fîmes nos adieux à tout le monde, et, moins d'une heure après, nous étions tous les trois de retour dans notre baraque de St-Aubin.

Jacques et Rose continuaient à s'entendre on ne peut mieux.

VII

Les Contrebandiers

Il se passa quelques semaines sans que l'occasion s'offrit pour nous d'aller à Sorges, mais Jacques ne marquait pas de nous venir voir tous les dimanches. Ma femme était bien contente de le voir à la maison, mais elle était toujours la première à lui dire : « Allons, Jacques, voilà le jour qui s'en va, ne tarde point trop, car, vois-tu, les faux-saulniers font parler d'eux plus que jamais ; c'est la nuit qu'ils font leurs mauvais coups et s'il t'arrivait quelque malheur, je m'en voudrais toute ma vie de ne pas te faire partir d'heure et de temps pour que tu n'aies aucun risque à courir.

Le dimanche 25 novembre, Jacques Ciron nous avait quittés, comme d'habitude, d'assez bonne heure ; il devait être rendu à Sorges à la tombée de la nuit.

Il faisait un temps affreux ; mais un gaillard

trempé comme le fils du père La Perrière se souciait
fort peu du vent et de la pluie.

Nous dormions bien tranquillement, ma femme
et moi, ainsi que Rose dans la petite chambre derrière notre cuisine, lorsque nous fûmes réveillés en
sursaut par des coups précipités à la porte.

Au premier abord j'hésitais à croire que l'on
frappât chez nous; les vagues qui battaient les
murs de notre maison et la faisaient trembler, le
courant sous le pont qui était à deux pas, le siffle-
ment de la tempête sous les arches, tout cela faisait
un tel vacarme, auquel nous étions du reste habitués, que je prenais les coups entendus pour quelques bruits de l'ouragan dont je ne me rendais pas
bien compte.

Mais on frappa de nouveau. De ce coup-là il n'y
avait pas à se tromper; quelqu'un était à notre
porte. En même temps ma femme et Rose se réveil-
laient et disaient: « On frappe à la porte. »

Je sautai du lit et demandai qui était-là. On me
répondit; je reconnus la voix de Michel Ciron.

Je courus à la porte et tirai le verrou. Michel
Ciron entra tout ruisselant d'eau, et avant que j'aie
seulement eu le temps de lui dire un mot :

« Jacques est-il venu? me dit-il.

» — Sans doute, lui répondis-je, et il y a longtemps qu'il est parti.

» — Il n'est pas rentré !

» — Pas possible ? »

Pendant que nous échangions ces quelques mots, Catherine avait passé un jupon, elle était allée à la cheminée, avait battu le briquet et allumé la résine.

« Il était grand jour encore, dit-elle, quand il est parti, et, en marchant son pas ordinaire, il aurait dû, malgré le mauvais temps, arriver chez vous sur les cinq heures, cinq heures et demie.

» — Nous n'avons rien vu, reprit Michel visiblement inquiet. Je crains un malheur. Il a pu s'arrêter avec des camarades, se mettre en nuit, et l'on a signalé une bande de contrebandiers par les Grandes Rivettes. »

Là-dessus Rose qui s'était habillée à la hâte, entra dans la cuisine :

« Il faut aller à sa recherche, mon père, dit-elle ; peut-être ces scélérats l'ont ils attaqué, blessé ; prenez la grosse lanterne ; tenez, justement j'ai mis dedans hier une chandelle neuve. »

Je pris vite mes hardes, par dessus un vieux manteau, et muni de mon bâton ferré et de ma lanterne, je sortis avec La Perrière. Lui aussi était armé d'un solide bâton.

Jamais je n'avais vu le vieux soldat si ému. Ses dents claquaient de colère ; chemin faisant il grommelait :

« Les brigands, ils sont capables de me l'avoir tué. Ah ! si cela était ! Il faudra bien que je les trouve; et quand même la potence serait au bout, je réponds que plus d'un me paierait mon Jacques.»

Après être sortis de Saint-Aubin, nous prîmes par le chemin des Rivettes ; c'était celui qu'avait dû suivre Jacques pour s'en aller, les grandes eaux ne permettant pas de passer par celui de la Guilbotte. Nous marchions de chaque côté du chemin observant les fossés, appelant de temps en temps : « Jacques Jacques ! »

Nous n'avancions pas vite, cherchant partout avec soin, quittant même la route pour fureter dans les carrefours des chemins de traverse. Rien ne nous répondait. Aux Roncières, nous frappâmes à la porte d'une maison où Jacques aurait pu s'arrêter, car La Perrière et moi nous connaissions les gens. Effectivement on nous répondit que Jacques était passé, mais de bonne heure, qu'il était seul, et qu'il aurait dû arriver de vue de jour à Sorges.

Arrivés sur la butte des moulins du Champfleury, nous n'avions pas encore rencontré âme qui vive par les chemins. Les moulins tournaient à toute vitesse et le vent soufflait avec tant de violence qu'on entendait des craquements comme s'ils avaient été sur le point de se disloquer.

La Perrière héla le meunier.

Celui-ci parut au haut de son échelle, une lanterne à la main qu'il éleva en l'air, il avait son bonnet blanc sur la tête.

La Perrière qui le connaissait, lui demanda s'il n'avait point vu Jacques dans la soirée.

Il n'avait vu personne.

A cet endroit deux chemins se présentaient devant nous : le chemin de Sorges, le plus direct, mais qui était inondé dans une bonne partie au niveau du Cou-de-Chevreau et qu'il fallait quitter sur la gauche pour prendre par le Pelloir à travers champs ; et le chemin de la Baudrairie qui mène à la Pyramide.

« Inutile d'aller par là, dit La Perrière en indiquant le chemin bas ; j'y suis passé, Jacques n'y est pas, je l'aurais trouvé en venant. »

Nous enfilâmes le chemin de la Baudrairie et nous nous remîmes à chercher et à appeler.

Nous venions de dépasser l'ancien domaine des de Russon qui appartenait alors à l'Hôtel-Dieu d'Angers, nous nous trouvions au milieu des buttes de l'ancienne perrière à Marin Gogué qui touche au bois de la Brosse, lorsque je crus entendre comme quelqu'un qui râlait au fond d'un trou.

J'arrêtai Michel par le bras en lui disant : « Ecoute ! » La même plainte se fit entendre.

« Est-ce toi, Jacques ? » cria La Perrière.

Un « oui » plus fortement prononcé nous arriva.

En un clin d'œil nous fûmes au bord du trou.

Ce trou n'était rien, il n'avait pas plus d'une dizaine de pieds de profondeur. A vrai dire ce n'était pas précisément un trou, mais une espèce de creux formé par de petites buttes de *grouas* (1) qui se rejoignaient de manière à former à peu près un carré long. Il n'y avait pas plus d'un pied d'eau au fond.

Jacques était à moitié dans l'eau, le haut du corps appuyé le long du *hottoir* (2). Il n'était pas difficile d'arriver jusqu'à lui.

« Qui t'a mis là ? dit La Perrière, la voix tremblante de colère.

» — Les contrebandiers, dit le pauvre garçon qui paraissait à bout de forces.

» — Les brigands !... Mais qu'as-tu ? »

Et sans attendre sa réponse, Michel se mit en devoir de retirer le pauvre Jacques.

« Prenez garde, père, dit Jacques, j'ai une jambe cassée. »

Alors, avec mille précautions, nous le retirâmes de l'eau pour le monter sur la butte. Le malheureux avait les mains attachées derrière le dos. Notre premier soin fut de le délier.

« Les as-tu reconnu ? dit La Perrière.

» — Ils étaient quatre, mais je crois qu'il n'y avait que trois contrebandiers. Ceux-là, je ne les connais pas. Quant au quatrième il avait un mouchoir noué

---

(1) Menu déchet d'ardoises.

(2) On appelle « *hottoir* » dans les ardoisières, toute pente le long de laquelle on verse les déchets d'ardoises.

autour de la figure, et malgré ça je crois bien
l'avoir reconnu.

» — Bon, bon ! ça suffit, nous verrons ça plus
tard, dit La Perrière. A cette heure il s'agit de l'em-
porter à Sorges et sans traîner. Voyons, Germain,
ce garçon-là ne peut marcher, comment allons-
nous nous y prendre ? »

L'affaire ne fut pas longue à arranger. Avec quelques branches de chêne et nos deux bâtons, nous
eûmes vite fait une sorte de brancard ; nous assîmes
Jacques dessus le plus commodément possible ; la
Perrière se plaça en avant, moi derrière, et Jacques
put s'appuyer la tête sur ma poitrine.

Dans cet état-là nous prîmes à grands pas la route
de la Pyramide, qui, du point où nous étions, était la
plus courte pour nous mener à Sorges.

Mathurine nous attendait en filant au coin de la
cheminée. En nous voyant arriver ainsi avec Jacques sur notre brancard, elle poussa un cri.

« Grand Dieu ! dit-elle, que lui est-il arrivé ? »

Et elle accourut au pauvre Jacques qu'elle em-
brassa. Elle avait laissé tomber sa quenouille d'un
côté, son fuseau de l'autre, et elle s'empêtrait dans
le fil.

Nous la rassurâmes, et Jacques aussi la rassura
de son côté.

Puis, pendant que Michel allait chercher un bour-
rasseau qu'il jetait sur les grettes minant dans
la cheminée, afin de réchauffer le blessé qui était

glacé, Mathurine et moi nous le déshabillions avec toutes les précautions possibles.

La Perrière examina la jambe. Elle n'était pas trop enflée, sans doute à cause de l'eau dans laquelle le pauvre jeune homme avait été plongé presque jusqu'à la ceinture. Je m'offris pour aller chercher un chirurgien.

« A quoi bon ? dit le père Michel. Je vois ce que c'est, j'en ai bien vu d'autres dans mes campagnes. Nous perdrons deux ou trois heures à aller chercher le chirurgien, il ne sera peut-être pas chez lui, et pendant ce temps la jambe va enfler, surtout maintenant qu'elle est au chaud. Voyons, vous allez m'aider et nous en viendrons bien à bout entre nous. »

En effet, La Perrière après nous avoir indiqué comment faire, à Mathurine et à moi, tira sur la jambe de manière à remettre les os bout à bout. On entendit un craquement, et le vieux s'écria : « C'est fait. »

Après cela, il lia soigneusement la jambe, fixa des planchettes de chaque côté et dit : « Du courage, Jacques, dans quarante jours tu marcheras. »

Le vieux soldat en avait effectivement tant vu dans les guerres d'Allemagne, d'Autriche et d'Italie, qu'il savait s'y prendre comme un véritable chirurgien.

Mathurine, après le pansement, voulut question-

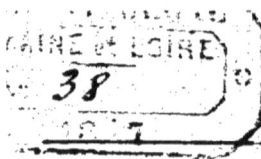

ner son fils sur ce qui lui était arrivé, mais La Perrière s'y opposa.

« Tu vois bien, lui dit-il, que ce garçon est rompu,
qu'il a une fièvre de cheval ; il ne faut pas le fati-
guer ; il faut au contraire le laisser dormir si ça lui
est possible. Quand la fièvre aura baissé, il nous
contera l'histoire. Ce sont les contrebandiers qui
ont fait le coup, ça doit nous suffire pour l'instant.

Comme je n'étais plus bon à rien à la maison, je
fis part de mon intention de retourner à St-Aubin.
Du reste la nuit s'avançait. La Perrière n'essaya
pas de me retenir, mais il me fit promettre de revenir dans le courant de la semaine. Quant à Mathurine, elle me fit encore patienter une petite heure
pour attendre la matinée, « afin, disait-elle, qu'il ne
m'en arrivât pas autant qu'à son fils. »

J'arrivai à St-Aubin au petit jour. Catherine et
Rose ne s'étaient pas recouchées, elles remmaillaient
mes filets.

Quand je leur eus conté l'affaire, elles prirent des
figures plus rassurées. La mère disait :

« Une jambe cassée, c'est bien pénible sans doute,
mais on n'en meurt pas. »

Quant à Rose elle ne prenait pas la chose si facilement :

« S'il allait avoir une maladie avec cela ! disait-
elle. Les misérables l'ont battu, ils l'ont sans doute
roué de coups.... Tenez, je ne veux plus qu'il vienne

comme ça me voir le dimanche pou. . . . aller à la nuit. J'aime mieux qu'il s'en aille plus tôt. Ou bien c'est nous qui irons à Sorges. Après tout, qu'est-ce que ça me fait que le monde dise que c'est moi qui vais le voir ? Est-ce que nous ne serons pas mariés dans six mois ! »

Tout en causant, Catherine avait mis sur le feu une bonne soupe de la veille. Après nous être un peu réconfortés, je descendis à mon bâteau, pour aller pêcher du côté de l'île du Désert à la Pucelle, qu'on commençait déjà à appeler à cette époque l'île Gemme, et qui dépendait du fief de Serrant.

VIII

Le Récit de Jacques Ciron

Comme je l'avais promis à Michel, je fis un tour
à Sorges dans le courant de la semaine. C'était le
jeudi. Il faisait un temps de chien ce jour-là, et il
n'y avait pas moyen de tenir sur l'eau.

Le pauvre Jacques était déjà mieux, mais bien
loin encore d'être sur les jambes : Mathurine et lui
me firent le récit détaillé de ce qui lui était arrivé.

En partant de Saint-Aubin, il avait pris par Les
Rivettes, à cause de l'impossibilité de passer par la
Guilbotte vu que l'Authion était débordé. Aux Roncières, il s'était arrêté avec quelques camarades, et
ils avaient bu ensemble une bouteille de vin, sans
toutefois se déranger le moins du monde.

Là, Jacques remarqua, dans un coin du cabaret,
trois individus à figure sournoise qu'il ne connais-

sait pas. Avec eux buvait un ouvrier d'à-haut de Trélazé qui lui était fort connu, avec lequel il avait déjà eu quelque chicane pour des riens. A tout propos cet individu le taquinait sans qu'il pût en deviner le motif. Mais, comme Jacques était un solide gaillard, de taille à imposer le respect, tout jusque là s'était borné entre eux à quelques prises de bec sans conséquence.

A peine Jacques était-il assis à la table avec ses amis, que l'autre, qui était apparemment un peu lancé, lui adressa la parole :

« D'où viens-tu donc comme ça, grand Jacques ?

» — Je viens des Ponts-de-Cé.

» — Tu viens de voir ta bonne amie, sans doute. Ça se voit, tu as l'air tout emprunté.

» — Je viens de mes affaires et je n'ai point de compte à te rendre, François Chassieux.

» — Ah ça, est-ce que tu t'imagines que tu te marieras avec Rose Brillaut ?

» — Pourquoi pas ? Du reste ça ne te regarde pas.

» — Si fait, ça me regarde.

» — Pourquoi ça ?

» — Parce que j'en connais un qu'elle aime mieux que toi.

» — Eh ! qui donc celui-là ? dit Jacques qui commençait à perdre patience,

» — Grand dindon, va, qui ne s'aperçoit pas du

tour qu'on lui joue! Mais Rose n'en veut qu'aux écus de ton père. Elle se mariera avec toi, oh! ça c'est possible. Mais, ne crains rien, tu en porteras de longues comme une limande de *tue-vent* (1).

« — Qui a dit ça? » cria Jacques furieux en se levant et en brandissant une bouteille.

Ses amis s'interposèrent et l'empêchèrent de jeter sa bouteille à la tête de François Chassieux.

Jacques était très-doux de caractère, mais quand on le poussait à bout, il était terrible, d'autant plus qu'il savait vite se contenir et qu'il agissait avec toute sa réflexion. Il posa tranquillement la bouteille sur la table, fit trois pas du côté de François Chassieux, l'empoigna par le col de son gilet rond et le fond de sa culotte, et, sans dire un mot, sans faire un geste de colère, le jeta à la porte comme un paquet de linge sale.

Les trois camarades de François avaient regardé cela sans mot dire; ils avaient l'air ahuris. A la réflexion, ils vidèrent leurs verres et partirent.

Jacques ne fut pas longtemps non plus avant de quitter le cabaret. Il se sépara de ses amis au milieu du village, car, pendant qu'il prenait la route de Sorges, eux se rendaient au Bourg-la-Croix.

---

(1) Le tue-vent est une sorte de palissade mobile, composée de genêt et de paille, qui sert d'abri aux fendeurs d'ardoises. Les limandes sont les montants de droite et de gauche qui forment la charpente du tue-vent.

Pendant ce temps la nuit était venue. Jacques s'en allait tranquillement rêvant à ce que lui avait dit François Chassieux, et se demandant peut-être ce qu'il fallait en croire. Lorsque, après avoir dépassé les moulins du Champfleury et se trouvant par les buttes de la vieille perrière de la Baudrairie, quatre individus armés de bâtons se dressèrent devant lui, barrant le chemin.

« La bourse ou la vie ! » cria l'un d'eux.

Jacques comprit de suite à qui il avait affaire. Seul contre quatre, il n'avait aucune chance d'avoir le dessus.

Il ne répondit rien. Seulement il marcha à reculons quelques pas, faisant face à ses adversaires. Puis il prit son élan et se lança à corps perdu contre eux, portant des coups de son bâton à droite et à gauche en désespéré.

Sa poussée avait été formidable, car deux des malfaiteurs avaient roulé à terre. Mais les deux autres étaient debout ; ils l'avaient évité. A leur tour ils se précipitèrent sur lui. Pendant ce temps les autres, qui n'étaient qu'étourdis, se relevèrent et vinrent à leur tour tomber sur lui. Il lutta encore faisant face à tous ; mais un coup violent, appliqué sur le côté gauche de la tête, l'étourdit et il tomba en avant.

Les misérables alors le rouèrent de coups. Sous la douleur il essaya de se relever, cherchant à se protéger la tête avec ses bras. Il retomba bientôt sentant une vive douleur à la jambe gauche, puis, quand il voulut faire un mouvement il comprit qu'il avait la jambe cassée. Un dernier coup sur la nuque l'étourdit complétement, il s'évanouit.

Combien resta-t-il ainsi ? il ne pouvait le dire. Ce qu'il se rappela, c'est que subitement il sentit une grande fraîcheur. Il sortit de son évanouissement et s'aperçut qu'il était plongé dans quelques pieds d'eau et qu'il avait les mains attachées derrière le dos.

Ainsi les brigands, dans la crainte de ne l'avoir pas tué, l'avaient jeté dans ce qu'ils croyaient un trou plein d'eau, prenant encore la précaution de lui ôter la liberté de ses mouvements de peur qu'il ne vînt à se retirer.

Fort heureusement il avait glissé du haut du hottoir et la moitié de son corps seulement baignait dans l'eau.

Quand il revint à lui, il entendit très-distinctement le bruit des pas de plusieurs personnes qui couraient sur les ardoises. Puis plus rien.

Il était resté ainsi dans cette position, sans pouvoir bouger, jusqu'à notre arrivée.

Quand il eut fini, je lui dis :

« Eh bien, Jacques, crois-tu à ce que t'a dit François Chassieux au sujet de Rose?

« — Allons donc, père Brillaut, me dit-il, pourriez-vous vous imaginer ça ? François est jaloux, il y a déjà longtemps que je m'en doutais. Il a eu beau se mettre son mouchoir antour de la figure, je suis bien sûr que c'est lui qui a fait le coup. Quant aux trois autres, je parierais ma tête que ce sont des contrebandiers. Ne vous inquiétez pas, allez, je crois que Rose m'aime ; mais ce que je sais, c'est que je l'aime autant qu'il est possible d'aimer, et la jalousie de François Chassieux et de qui que ce soit n'arrivera pas à me porter ombrage. »

Après avoir causé encore quelque temps avec Jacques et sa mère, je revins à Saint-Aubin non sans avoir promis que nous irions à Sorges tous les trois le dimanche d'après.

Le soir, à la veillée, pendant que Catherine filait, et que je réparais ma grande seine, je racontai tout ce que j'avais appris de Jacques et de Mathurine sur l'accident. Rose était indignée ; elle disait qu'elle aimerait mieux rester fille toute sa vie que de se marier avec ce soulard de Chassieux dont elle avait eu effectivement plusieurs fois à supporter les agaceries.

Quant à Catherine, elle criait : « Ah ! le grand fainéant ! Qu'il fasse seulement mine de rôder par ici, et je lui ferai voir qu'il y a un balai derrière la porte ! »

IX

Comment on s'instruisait alors

Le dimanche suivant, c'était le 2 décembre, il faisait un froid noir ; il tombait une sorte de neige fine par moments, qui fondait en touchant la terre, ce qui faisait une boue glaciale dans les chemins. Malgré ça, dès neuf heures du matin, nous étions prêts tous trois, la mère, Rose et moi, pour aller à Sorges.

Je ne fus pas peu content de trouver, en arrivant chez La Perrière, M. Silleux assis à côté du lit de Jacques. « Allons, tant mieux, disais-je en moi-même, si M. Silleux a le temps de passer la journée dans la maison, il va encore nous parler de l'Assemblée Provinciale et nous instruire. »

Ah ! c'est qu'alors ce n'était pas comme aujourd'hui. Bien peu de gens savaient lire, et, eût-on su

lire, on n'avait à lire que le livre d'heures et le
catéchisme. Tandis que depuis ce temps-là, on a vu
un grand progrès : des gazettes et des petits livres
sur les affaires circulent dans les plus pauvres bourgades, il y a des bibliothèques, et celui qui ignore
les choses qui se passent est bien coupable, car
c'est de sa faute s'il n'est pas au courant des événements qui devraient le plus l'intéresser.

On en était réduit, dans ces temps de misère et
d'ignorance, à recourir à quelque homme instruit
comme M. Silleux, qui voulût bien, de loin en loin,
raconter ce qu'il savait à de pauvres paysans comme
nous dépourvus de tous moyens de se renseigner.

La matinée se passa chez La Perrière à causer de
choses et d'autres, du temps, de la crue qui persis-
tait, du froid qui rendait le travail bien pénible pour
tout le monde. Quant à Jacques, il était aussi bien
que possible ; il ne se plaignait pas, seulement il
nous disait que parfois, la nuit surtout, il ressentait
de grandes douleurs, non pas à l'endroit où sa jambe
avait été cassée, mais plus bas, jusque dans le talon.

« C'est bon signe, disait La Perrière, j'ai toujours
vu ça ; ce sont les os qui commencent à reprendre.
Du courage ! et dans moins de six semaines, tu
pourras te mettre debout. »

Pendant que nous causions, Mathurine, aidée de
Catherine et de Rose, préparait le dîner. M. Silleux

devait en être, aussi les trois femmes y mirent-elles tous leurs soins; ce fut un vrai repas de noces. On mit la table tout auprès du lit, de manière que le pauvre Jacques pût aussi faire autre chose que de nous regarder.

Ce fut pendant le diner que la conversation s'engagea sur les affaires; c'était ce que j'attendais. Je m'adressai à M. Silleux.

« Vous nous avez raconté, lui dis-je, la dernière fois que j'ai eu le plaisir de vous rencontrer ici, une partie de ce qu'avait fait notre fameuse Assemblée d'Anjou, mais vous n'avez pas fini. Si vous étiez assez bon pour nous terminer cette histoire, vous nous rendriez un grand service, car nous sommes bien ignorants, nous autres, des choses qui se passent en dehors de nos petits trous. »

M. Silleux ne demanda pas mieux, et je vis que le père La Perrière était tout aussi content que moi de l'entendre raconter ce qu'avait fait l'Assemblée Provinciale d'Anjou.

Trois jours après avoir clos sa session préparatoire et s'être complétée, le 20 octobre, les députés de l'Assemblée furent de nouveau réunis. Le président fut encore M. le duc de Praslin; les secrétaires furent MM. Burgevin et Desmé; puis on se rendit à Saint-Maurice pour assister à une messe du Saint-Esprit qui fut dite encore, comme la première fois, par M. l'abbé de Villeneuve.

Deux membres récemment nommés refusèrent de faire partie de l'Assemblée Provinciale.

L'un, M. de Maillan, abbé de Saint-Georges-sur-Loire, député du Clergé, qui du reste n'exerçait pas plus ses fonctions d'abbé de Saint-Georges qu'il n'eût exercé celles de député à l'Assemblée Provinciale, était attaché à la personne de *Madame*, en qualité d'aumônier. Il prétendit que ce service l'empêchait de venir siéger en Anjou, mais il ne l'empêchait aucunement de toucher les bénéfices attachés au titre d'abbé de Saint-Georges.

L'autre, M. Goislard de Montsabert, était un membre du Parlement de Paris. Il prétendit qu'un service très-urgent le retenait à Paris. Mais, comme disait M. Silleux, la vraie raison était que M. de Montsabert, partisan de la convocation des Etats-Généraux, était l'adversaire acharné des ministres Calonne et Brienne relativement à leurs projets d'emprunt.

Le premier soin de l'Assemblée fut de se partager en quatre commissions pour l'étude des questions qui intéressaient la province; il y eut la commission du Bien public, celle des Chemins, celle des Impositions et celle des Réglements.

La gabelle, cet odieux impôt qui pesait si lourdement sur le pauvre peuple, qui donnait lieu à la triste et aventureuse industrie des faux-saulniers et par suite aux brigandages qui s'exerçaient jusque dans les faubourgs d'Angers, et dont le pauvre Jacques venait d'être victime, la gabelle fut le premier souci de la commission du Bien public.

« La commission, disait M. Silleux, a été bien inspirée; elle a demandé non pas l'amélioration de cet impôt, mais son abolition; car est-il rien de plus inique que de faire peser un impôt jusque sur le grain de sel que le paysan met dans sa soupe? »

Voici d'ailleurs, au dire de M. Silleux, comment cette commission proposait à l'Assemblée l'abolition de la gabelle :

« L'Etat, disait-elle, la sûreté publique, la société,
» les mœurs, le commerce, tout réclame l'extinction
» de la gabelle; tout justifie le vœu que nous for-
» mons, au nom du bien public, aujourd'hui notre
» première loi : que l'impôt le plus vicieux en lui-
» même ne soit pas amélioré, mais changé, que son
» nom même soit effacé. »

Mais hélas! ce n'était là qu'un vœu qui ne devait pas encore se réaliser tout de suite.

La commission du Bien public fut une des plus actives; tout ce qui pouvait intéresser la province lui passa sous les yeux et trouva place dans son rapport. A l'égard du commerce, elle demanda la construction et l'amélioration des voies de transport et de communication, des primes d'encouragement, des subsides. A l'égard de l'agriculture, elle recommanda l'étude des procédés nouveaux de culture, surtout le chaulage dont on ne s'occupait guère à cette époque dans nos campagnes.

Elle consacra une partie de son rapport à la mendicité, appelant l'attention de l'Assemblée sur les moyens de la faire diminuer.

Depuis une dizaine d'années, il s'était établi à Angers une maison de la plus grande utilité, celle des *Muets*. Elle ne pouvait passer inaperçue de la commission du Bien public.

Une demoiselle d'Angers, Mlle Charlotte Blouin, fille d'un professeur qui tenait pension sur la paroisse de la Trinité, s'était enthousiasmée pour l'instruction de ces malheureux qui n'entendent ni ne parlent et qui mènent une si misérable existence au milieu des autres hommes.

Un ancien grand vicaire de l'évêque d'Angers, l'abbé Frémond, aumônier des Incurables, s'était pris de la même passion pour l'instruction des sourds-muets. Intimement lié avec l'abbé de L'Epée, inventeur de l'enseignement des sourds-muets, l'abbé Frémond avait appris à Mlle Blouin la méthode de son ami.

En 1777, sur le conseil de l'abbé Frémond, elle avait fondé sa première école de sourds-muets. Plus tard, pour se perfectionner elle était allée à Paris suivre les cours de l'abbé de L'Epée lui-même pendant quelques mois chaque année.

En 1781 elle avait obtenu du ministre Necker une

subvention de 1,274 livres. L'année suivante, l'intendant Ducluzel lui fit donner un traitement annuel de 1,000 livres et lui assura l'entretien de douze places d'élèves sur les fonds publics.

Cette institution, dont tout le monde à Angers reconnaissait la grande utilité, donna lieu à un rapport et à un vœu de la commission du Bien public.

On demanda que les douze places qui étaient payées à Mlle Blouin, fussent portées à vingt-quatre, et qu'un logement convenable fût assuré à cette bienfaitrice dévouée des pauvres sourds-muets.

Les enfants trouvés furent aussi recommandés à l'Assemblée Provinciale. « Vous devez prendre souci, disait la Commission, de ces malheureux enfants que la nature abandonne dès leur naissance, mais que la patrie et l'humanité réclament et confient à la bienfaisance publique. »

Enfin la Commission du Bien public s'occupa encore d'une foule d'autres choses, des médecins de campagne, des sages-femmes, de l'établissement d'un haras, de casernes de cavalerie, et aussi de l'augmentation de la maréchaussée pour réprimer le vagabondage et les brigandages des faux-sauniers.

La commission des Impositions s'occupa de son côté, avec le plus grand soin, de dresser le tableau des impôts pour les six élections d'Anjou. M. Silleux avait sur lui un papier qui contenait le montant de toutes nos impositions; et plus tard, je pus voir dans

un petit livre qu'il me donna, que ses chiffres étaient
bien exacts. Les voici :

La taille, la capitation taillable et diverses autres
impositions accessoires se montaient à 3,231,733 livres et 16 sous, ci . . . . . .3,231,733¹ 16ᵛ ⸱⸱ᵈ

La capitation de la ville d'Angers se montait à elle seule à
100,011 liv. 7 sous 2 deniers, ci　100,011¹　7ᵛ　2ᵈ

La capitation des nobles, des
officiers de justice privilégiés,
des employés des fermes et des
aides, fournissait seulement
39,557 liv. 19 sous et 7 deniers, ci　39,557²　19ᵛ　7ᵈ

Les biens fonds, les arts et
métiers, les offices et droits im-
posés aux deux vingtièmes et à
4 sous par livres produisaient le
chiffre énorme de 1,075,680 liv.
3 sous et 1 denier, ci . . . 1,075,680¹　3ᵛ　1ᵈ

Enfin la contribution destinée
à tenir lieu de corvée, s'élevait
à 360,962 liv. 14 sous et 3 deniers
ci 360,962¹ 14ᵛ 3ᵈ

Ce qui donnait un total de . 4,803,946¹ ⸱⸱ᵛ 1ᵈ

*Quatre millions huit cent trois mille neuf cent
quarante-six livres et un denier*, voilà ce que payait
le peuple d'Anjou au Trésor ! Et quand on pense
que là-dessus les nobles, le clergé, les propriétaires

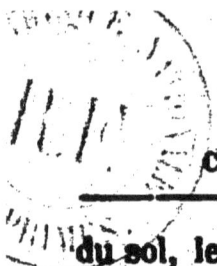

du sol, les privilégiés en un mot, ceux à qui on payait encore la dîme et un tas de redevances par surcroît, ne comptaient pas même pour *quarante mille livres!*

Ce relevé des impositions de l'Anjou ne fut pas le travail le moins instructif de la commission.

Malheureusement bien peu de gens purent le connaître; il aurait fallu un M. Silleux dans chaque paroisse.

Le travail des deux autres commissions, celle des Chemins et celle des Réglements, au dire de M. Silleux, ne présenta pas grand intérêt et il ne jugea pas utile de nous en parler.

En dehors des vœux exprimés par ces commissions et qu'elle discuta sérieusement, l'Assemblée Provinciale d'Anjou ne fit plus grand'chose. Elle exposa pourtant au roi une demande qui avait de l'importance.

La généralité de Tours comprenait les trois provinces de Touraine, d'Anjou et de Maine; elle avait une Assemblée Générale qui se tenait à Tours. Or le roi avait décidé précédemment que cette Assemblée Générale se tiendrait à tour de rôle, chaque année, dans une ville des trois provinces. Notre Assemblée Provinciale eut une autre idée qui n'était pas mauvaise. Elle demanda que l'Asssmblée Générale se tînt à perpétuité dans la même ville, mais à la condition que cette ville fût à peu près au centre des trois provinces; et ce fut la ville de La Flèche qu'elle proposa à cet effet.

Le choix était bon, car La Flèche était bien à peu près au centre de nos trois provinces, et de plus elle possède un grand collège avec de grandes salles, monument magnifique, disait-on, qu'avait fait bâtir Henri IV et qu'il avait beaucoup affectionné, parce que, au dire des gens, s'il n'y était pas né, c'était là du moins que sa mère Jeanne d'Albret s'était aperçue qu'elle était enceinte.

Mais le vœu de l'Assemblée Provinciale d'Anjou devait, à cet égard, avoir le sort de bien d'autres; il ne se réalisa jamais.

Enfin notre Assemblée provinciale termina ses travaux en augmentant le nombre des membres de sa Commission Intermédiaire. Aux députés qu'elle avait déjà désignés pour en faire partie, elle ajouta MM. l'abbé Burgevin, le comte Antoine de Beaumont d'Autichamp, Boullay du Martray et Davy des Piltières.

Après cela, sur l'ordre du roi, parlant par la bouche de M. Aubry, commissaire royal, l'Assemblée Provinciale se sépara.

Pauvre Assemblée! elle ne devait plus jamais recevoir l'ordre de se réunir, et son ouvrage ne devait avoir d'autre suite que les vaines réclamations de la Commission Intermédiaire qu'elle laissait derrière elle!

Après ce récit des travaux de l'Assemblée Provinciale d'Anjou, récit qui fut bien plus long que je ne le rapporte, M. Silleux nous dit ces paroles que 'ai toujours retenues et qui étaient sages, comme l'avenir l'a fait voir :

« Si le roi Louis XVI voulait sérieusement préserver la France et lui-même des catastrophes que l'on peut dès aujourd'hui prévoir, il devrait encourager, au lieu de les entraver, ces Assemblées locales. Il devrait nous donner le droit à tous, nobles et roturiers, de nommer des députés qui s'assembleraient chaque année dans nos provinces pour donner leur avis sur tout ce qui nous intéresse, préparer les réformes que tout le monde réclame, abolir ces iniquités féodales, ces droits des seigneurs et du clergé dont le peuple souffre depuis tant de siècles. Mais non, mal entouré, mal conseillé, subjugué par sa femme qui est une étrangère sans cœur et sans amour pour la France, il marche de faute en faute, et si notre Assemblée Provinciale a vu sitôt clore ses séances, c'est que là-bas, à la cour de Versailles, ses projets de réformes n'ont pas plu. On a peur qu'elle prenne de l'importance et on la renvoie. »

Quand M. Silleux eut fini, je lui adressai une question.

« J'ai ouï-dire, monsieur Silleux, que jeudi der-

nier vous aviez reçu de la troupe à Angers, de la
cavalerie, à ce qu'on a rapporté ?

» — Oui, mon ami, répondit-il, nous avons reçu
deux escadrons de cavalerie, ce sont des carabiniers. C'est un beau régiment dont les maisons
nobles se disputent déjà les brillants officiers. Mais
je crois que tout le monde ne voit pas ces soldats-là
du même œil. La jeunesse surtout les regarde d'un
air terriblement jaloux.

» — Mais pourquoi les a-t-on fait venir à Angers?

» — Ah ! voilà. Depuis longtemps à Angers, la
noblesse et aussi les bourgeois réclamaient de la
cavalerie. Les riches officiers de ce corps donne-
ront des fêtes, feront de la dépense, et plus d'un père
sera enchanté de voir sa fille recherchée par quelque lieutenant ou capitaine de carabiniers. Quant à
la raison que l'on met en avant, c'est que les brigandages des faux-saulniers commencent à inquiéter
les maisons de plaisance de notre noblesse angevine
et tout aussi bien, du reste, les maisons bourgeoises
et les chaumières. On veut se garantir contre les
tentatives de vols et de rapines de ces hardis aven-
turiers.

» — C'est égal, dit La Perrière, moi, j'aimerais
mieux qu'on augmentât la maréchaussée.

» — Et vous avez mille fois raison, dit M. Silleux. »

La journée se passa ainsi en causant, soit à table,

soit autour de la cheminée où flambait une grosse
bûche de frêne.

Le soir, à la nuit, en rentrant à la maison, je dis
à Catherine : « Tiens, ma femme, je suis content que
Rose soit une fille et non pas un garçon ; car il me
semble qu'il y a quelque chose dans l'air qui n'an-
nonce rien de bon pour la jeunesse. Et c'est peut-
être un bonheur pour Jacques qu'il ait eu la jambe
cassée; on ne fait pas d'un infirme ce qu'on peu
faire d'un homme qui est libre de tous ses membres. »

X

Encore les leçons de M. Silleux

Le samedi d'après, le 8 de décembre, je me rendis à Angers avec Rose. J'avais fait une assez bonne pêche le lundi, et, quand cela m'arrivait, après avoir payé au curé, au château, aux gens de M. de Contades, à ceux de l'abbaye de St-Aubin d'Angers, ce que je leur devais, j'allais vendre le reste à la ville où je m'étais acquis quelques bonnes maisons. J'étais à peu près toujours assuré de placer mon poisson dans trois ou quatre hôtelleries où j'étais bien connu ; c'était surtout au *Chapeau Rouge* dans la rue Châteaugontier, à l'*Auge de Pierre* dans le faubourg Bressigny, et, au-delà des Grands-Ponts, aux *Trois Marchands* près le grand logis de Bellebranche et l'abbaye du Ronceray, ainsi qu'au *Sauvage* à la Montée des Forges.

En sortant de St-Aubin nous trouvâmes, sur le pont Bourguignon, Protais Merloux, un vieil ami, qui, comme nous, se rendait à la ville. Il avait sur le dos une lourde charge de filasse.

C'était en effet le jour du marché aux fils et filasses qui se tenait le samedi sur le Champ de Foire près des Minimes.

En arrivant dans la rue Châteaugontier, nous nous séparâmes après nous être donné rendez-vous pour l'après-midi au *Chapeau Rouge*, afin de nous en retourner de compagnie. Pendant que Protais Merloux allait mettre sa filasse en vente, Rose et moi nous allâmes de maison en maison pour nous débarrasser de notre poisson ; nous en avions deux grands paniers chacun, un dans chaque bras.

La vente fut assez vite faite. C'était jour maigre, il y avait du monde dans les hôtelleries, on nous acheta bien notre poisson.

Sur le coup de midi ou une heure, nos paniers étaient complètement vides. Je dis à Rose :

« Si tu veux nous allons nous débarrasser de nos paniers et puis nous irons faire une petite visite à M. Silleux.

» — Comme vous voudrez, mon père, répondit-elle. Je serai bien aise, car j'aime bien l'entendre causer ce M. Silleux, il a l'air si bon ! il paraît tant s'intéresser aux pauvres gens ! »

Nous rentrâmes donc au *Chapeau Rouge* pour

déposer nos paniers. Protais Merloux n'était pas encore arrivé, ce qui me fit penser que le chanvre se vendait mal.

De là nous nous rendîmes rue de l'Aiguillerie chez M. Silleux. Le bon procureur nous reçut avec plaisir, il voulut à toutes forces que nous cassions une croûte. Le fait est que ce ne fut pas de refus, car nous n'avions pas pris grand'chose le matin, et je voyais que Rose était un peu fatiguée quoique ce fût pourtant une vaillante fille.

Pendant que je mangeais de bon appétit, je vis Rose s'arrêter d'un air tout étonné.

« Qu'as-tu donc, Rose ? lui dis-je. Es-tu malade ? »

Elle secoua la tête. Elle avait la figure tout inquiète.

« Eh bien, qu'avez-vous, mon enfant ? dit à son tour M. Silleux.

» — Ah ! c'est... que, monsieur, c'est maigre aujonrd'hui. »

Le bon M. Silleux ne put s'empêcher de sourire.

Pour moi, je trouvais la tranche de veau froid que nous mangions délicieuse, et j'avoue que je n'avais pas songé aux commandements de l'Eglise.

« Dites-moi, mon enfant, reprit M. Silleux, est-ce qu'il ne faut pas aussi bien vivre les vendredi et samedi que les autres jours ?

» — Si fait, Monsieur, mais c'est un péché à ce que dit M. le curé, de manger gras ces jours-là.

» — Savez-vous pourquoi ?

» — Ma foi, non.

» — Eh bien, moi, je vais vous le dire, et quand vous le saurez, vous verrez si vous devez avoir scrupule de manger de la viande le vendredi et le samedi.

» D'abord vous remarquerez que ce n'est pas le bon Dieu qui vous commande de faire maigre ces jours-là ; ce sont les commandements de l'Eglise. Ce sont des hommes comme nous, ce sont des évêques, des prêtres, des moines, à qui il a plu d'imposer cette privation aux autres hommes.

» Eh bien, mes amis, quand une chose vient des hommes, il faut toujours se rendre compte des motifs qui les font agir.

» Vous savez que les monastères, les abbayes, les évêques, les curés sont possesseurs de presque tous nos étangs d'Anjou ; ils possèdent même la plus grande partie des boires de la Loire et de l'Authion ; ils ont le droit de pêche sur toutes nos rivières, et vous autres pêcheurs vous ne pouvez retirer quelque profit de votre métier qu'en leur payant un droit, la dime, et tout ce que vous prenez de plus beau. C'est un fait qui vous est bien connu, que les hommes d'Eglise retirent des bénéfices énormes de la vente du poisson.

» Voyez un peu ce qui arriverait s'il n'y avait pas de jours maigres ! On aimerait bien mieux se nourrir de bœuf, de mouton, de veau ou de poulet ; on ne consommerait du poisson que de loin en loin, pour varier la nourriture, et l'Eglise perdrait de jolis revenus.

» Je sais bien que vous allez me dire, que vous y perdriez. Mais non, n'exerçant pas le métier de pêcheur, vous en auriez un autre, tout simplement. Il y aurait même cet avantage, c'est que le poisson, qui, après tout, n'est pas une mauvaise nourriture, servant moins à la consommation des riches, servirait davantage à celle des pauvres gens, car il ne tarderait pas à devenir moins cher. Du moment où les moines et les prêtres ne seraient plus assurés de retirer de leurs étangs et de leurs boires un revenu qui est forcé de par les commandements de l'Eglise, ils feraient bientôt bon marché de leurs droits de pêche.

» Voilà, mes amis, la véritable origine des jours maigres.

» — Puisqu'il en est ainsi, dit Rose gaiement, je ne me gênerai plus. Après tout, nous autres, nous faisons bien plus souvent maigre que gras les jours gras, ce n'est donc pas la peine de se priver de faire gras un jour maigre. »

Après cette petite leçon d'histoire religieuse, la tranche de veau fut bientôt dévorée. Rose était en bonne humeur, et elle riait de bon cœur de ses scrupules.

Nous causâmes ensuite des affaires. Il s'était passé

des évènements à Paris et à Versailles ; le récit que nous en fît M. Silleux, me montra qu'il avait bien raison quand il disait que le roi Louis XVI se jetait tête baissée dans les maladresses et que les choses finiraient mal pour lui.

« La dernière fois que je vous ai vu ici, dit M. Silleux, je vous avais dit que le Parlement de Paris avait été rappelé de son exil à Troyes. Ce n'était pas tout à fait vrai. Le bruit en courait bien fort, mais ce n'est qu'un peu plus tard que ce rappel a eu lieu.

» Le peuple de Paris a fait de bruyantes manifestations pour le retour de son Parlement qu'il considère comme le défenseur de ses droits contre la cour et le ministère. On a promené par les rues de Paris un mannequin figurant le ministre général Brienne, et après l'avoir houspillé de mille manières, on l'a brûlé publiquement.

» Mais voici des nouvelles toutes récentes, ajouta-t-il. C'est le 24 du mois dernier, il y a une dizaine de jours, que les membres du Parlement se sont réunis en séance générale pour la cérémonie de leur rentrée.

» Le roi Louis XVI en personne assistait à cette séance. Il prononça quelques paroles de reproches à l'adresse du Parlement, puis le garde des sceaux, au nom du roi, annonça que les Etats-Généraux seraient convoqués dans le délai de cinq ans.

» Cela fit dans le Parlement une grande sensation,

car c'était une promesse qui répondait au vœu de tout le monde. Il y avait longtemps qu'on disait au roi, que la convocation des Etats-Généraux était le seul et unique moyen qu'il eût pour se tirer d'affaires. Enfin le roi consentait donc à obéir aux vœux de la nation !

» Mais pourquoi ce délai de cinq ans ? Pourquoi pas tout de suite, du moins pour l'année prochaine ? Ce long délai assombrissait la joie que devait naturellement causer la nouvelle de la convocation.

» Ce fut bien le reste, quand, après avoir annoncé cette bonne nouvelle, le garde des sceaux réclama l'enregistrement d'un édit qui provoquait l'ouverture d'un nouvel emprunt de 400 millions !

» Ainsi c'était donc pour obtenir du Parlement l'enregistrement de cet édit que le roi promettait la convocation des Etats-Généraux..... dans cinq ans !

» Ainsi d'un côté le roi donnait une satisfaction sous forme d'espérance, et de l'autre il revenait aux procédés ruineux qui doivent infailliblement conduire la France à une catastrophe !

» Ainsi la cour après avoir tout absorbé avait encore besoin de 400 millions !

» Néanmoins le désir de voir enfin arriver la convocation des Etats-Généraux était si grand, que le Parlement se décida à faire une concession au roi. Par ses voix les plus autorisées, il déclara qu'il était disposé à voter l'enregistrement de l'édit, à la condition que la convocation des Etats-Généraux serait avancée et qu'elle aurait lieu dès les premiers mois de 1789.

» Le conseiller d'Espréménil adjura le roi de céder aux vœux les plus chers de la nation, et il le fit en termes émouvants qui impressionnèrent vivement Louis XVI.

» Un autre conseiller M. Robert de St-Vincent fut encore plus pressant.

» Tenez, ajouta M. Silleux en dépliant une gaette, voici les paroles de M. Robert de St-Vincent :

« Sire, dit-il, il est douloureux pour nous de n'a-
» voir à dire à Votre Majesté que de tristes vérités,
» mais le projet qu'on vous présente est une cala-
» mité pour la chose publique. Après tant d'emprunts
» faits pendant la guerre et depuis la paix, après
» cette masse de spéculations hasardeuses, lorsque
» tous les revenus de l'Etat sont engagés, qui pour-
» rait sans effroi entendre encore parler d'emprunt ?
» Comment peut-on espérer que le Parlement en-
» registre un pareil acte, tandis que si un fils de
» famille conduisait ainsi sa fortune, il n'y a pas
» un tribunal qui hésitât à l'interdire ? Depuis onze
» ans, vos ministres ont désséché les provinces, en
» attirant tout l'argent dans la capitale ; ils ont ali-
» menté l'agiotage. La fortune publique, et, on peut
» le le dire, sort de l'Etat sont livrés à des hommes
» sans pudeur, dont l'avidité ne connaît plus de
» bornes. Le remède à tous ces malheurs, sire,
» votre Parlement vous l'a indiqué : c'est l'Assem-

» blée des Etats-Généraux. Votre Majesté nous a
» annoncé que les Etats seraient convoqués en 1792.
» Pourquoi ce retard ? Vos ministres trouvent-ils
» que le désordre n'est pas assez grand ? »

M. Silleux s'arrêta, replia sa gazette et la remit
sur sa table. J'étais émerveillé. Rose aussi paraissait prendre grand intérêt à tout cela. Je ne pus
m'empêcher de dire à M. Silleux :

« Comme c'est bien parlé !.. Et le roi qu'a-t-il
répondu ?

» — Le roi, dit M. Silleux, parut fort embarrassé,
on dit qu'il a été hésitant et comme sur le point
de céder. Mais ce ne fut qu'une impression passa-
gère. Le mauvais génie qui le domine reprit vite le
dessus. Il déclara qu'il trouvait nécessaire d'ouvrir
les emprunts portés dans son édit ; et puis il ajouta :
« Je promets les Etats-Généraux avant 1792 ; ma
» parole doit vous suffire, j'ordonne que mon édit
» soit enregistré. »

» Le ton sec et impérieux avec lequel ces paroles
furent dites, fit la plus fâcheuse impression sur le
Parlement. Le duc d'Orléans se leva vivement, déclara que l'édit était illégal et qu'il fallait au moins
ajouter dans l'acte qu'il n'était enregistré que sur
l'ordre formel du roi.

» Alors le roi, piqué au vif, répliqua par ces mots
qui font voir que la volonté d'un homme tient lieu
de toute justice et de toute loi : « Il est légal, puis-
» que je le veux. »

» Là-dessus il se leva et quitta la salle. La séance

avait duré de huit heures du matin à cinq heures du soir.

» Toutefois avant de se séparer les magistrats signèrent une protestation énergique contre la violence qui leur était faite ; ce furent MM. Sabatier et Fréteau qui la rédigèrent.

» La vengeance royale ne se fit pas attendre. Dans la nuit même qui suivit, le duc d'Orléans reçut l'ordre de se retirer de suite dans sa terre de Villers-Cotterets.

» Puis les deux conseillers qui avaient rédigé la protestation furent arrêtés; M. Sabatier fut enfermé à la prison du Mont-Saint-Michel et M. Fréteau à celle de Doullens.

» Voilà, dit M. Silleux, où en sont nos affaires. Vous voyez, mon père Brillaut, qu'on est loin de s'entendre, et que les choses vont de mal en pis. C'est égal, si nous avions les Etats-Généraux, il y aurait de l'espoir. »

Nous causâmes encore quelque temps de choses et d'autres, puis nous quittâmes M. Silleux en le remerciant bien de sa bonté.

Au *Chapeau Rouge*, Protais Merloux commençait à s'impatienter de nous attendre.

Le long de la route je lui racontai tout ce que j'avais appris de M. Silleux. Il en fut bien content, car, lui aussi, comme chacun de nous, trouvait que la vie était bien pénible et il disait avec beaucoup de raison : « Si ça se menait mieux en haut, ça irait mieux en bas. »

XI

Les Accords

La fin de cette année 1787 se passa sans grands événements politiques. Chez nous, comme chez les Ciron, rien ne vint non plus troubler notre vie habituelle. L'hiver fut dur; on mangea plus d'une fois bien maigre ; on eut plus d'une fois aussi à subir les vexations de la corvée, de la dîme, des gens de la gabelle. Mais enfin, habitués à cette vie de souffrances et de privations, nous allions toujours notre train espérant dans un avenir meilleur.

Jacques Ciron était à peu près complétement rétabli vers le milieu du mois de janvier, seulement il boitait.

Il commença à reprendre son travail en février. La première fois que ses camarades le virent arriver à la perrière, s'appuyant sur un bâton et tirant de la jambe, malgré l'estime qu'ils avaient pour lui, ils ne lui ménagèrent pas les plaisanteries.

« Voilà ce que c'est, disait l'un, de s'en venir si tard de chez sa bonne amie !

» — Tu aurais pourtant fait un beau carabinier, disait un autre. Te voilà condamné à rester au pays toute la vie.

» — Dis donc, Jacques, lui dit un jour un autre, tu passais pour le plus bel homme des alentours, mais ta bonne amie voudra-t-elle de toi, à présent que tu n'es plus qu'une grande *Gadralle* ? »

Jacques ne se fâchait point de toutes ces plaisanteries ; au contraire il en riait avec ses amis. Mais si l'infirmité lui resta, le nom de *Gadralle* que lui avait donné l'un d'eux, lui resta aussi ; ce fut pour toute sa vie son sobriquet, sa *signorise* comme on dit à Trélazé.

Pour Rose, ça lui était bien égal que son futur fût boiteux. Un jour une de ses amies, Mariette Merloux, la fille à Protais, lui dit en sortant de la grand'messe :

« Comme c'est dommage, ma pauvre Rose ! ton Jacques qui était un si bel homme ! Et dire que le voilà boiteux pour toute sa vie ! Ça ne te fait rien ?

» — Que veux-tu que ça me fasse ? lui répondit Rose. Est-ce que Jacques n'est pas toujours le même ? Ça ne l'empêche de gagner sa vie ni de m'aimer, et c'est tout ce que je demande. »

Quant à François Chassieux, il chercha deux ou

trois fois à venir rôder par chez nous le dimanche.
Un jour, c'était à la St-Aubin, notre fête patronale,
le premier de mars, jour de grande fête pour notre
paroisse, comme un vrai dimanche bien que ce fût
un vendredi cette année-là, il fut même assez hardi
pour lui parler.

Elles étaient quatre ou cinq jeunes filles en toilette sur la place du Château, causant et riant
sans gêne. Des jeunes gens s'étaient approchés d'elles
et avaient lié conversation, histoire de se rassem-
bler entre jeunesses. François Chassieux, passant
par là, vint les trouver, causa d'abord aux jeunes
gens, puis se risqua à dire un mot à ma fille.

Rose ne le regarda pas, ne lui répondit pas,
mais voyant qu'il y mettait de l'insistance :

« François Chassieux, lui dit-elle, si l'envie
vous prend quelquefois de venir jusque chez nous,
vous saurez qu'il y a un balai qui vous attend derrière la porte. »

Les jeunes gens, garçons et filles, partirent tous
d'un grand éclat de rire, et le mauvais gueux déguer-
pit aussitôt sans demander argent de son reste.

Depuis ce moment-là il n'essaya plus de parler à
R(

De temps en temps nous nous revoyons, les Ciron
et nous, soit à Sorges soit à St-Aubin. L'affaire du
mariage de nos enfants commença à nous occuper
sérieusement dans les premiers jours du mois de
mars.

Il fut décidé que le mariage se ferait à Sorges, contrairement à l'usage établi à peu près partout, qui veut que le mariage se fasse dans la paroisse de la jeune fille; Nous étions pauvres, les Ciron étaient riches; nous n'avions qu'une pauvre cahutte, les Ciron avaient derrière chez eux une belle grange où l'on pouvait loger du monde et danser à l'aise; avec cela Jacques et Rose devaient aller demeurer à la Maraichère, sur Trélazé, à moins d'une demi-lieue de Sorges. C'était plus qu'il n'en fallait pour nous décider à faire les noces à Sorges.

Il est vrai que le curé de St-Aubin avait intérêt à ce que le mariage eût lieu dans sa paroisse, mais il était bon ami avec celui de Sorges, nous avions donc espoir qu'il ne nous refuserait pas.

Après avoir bien causé de toutes ces choses-là entre nous, un dimanche que nous étions tous ensemble à Sorges dans la grand'chambre des Ciron, La Perrière nous dit :

« Quant au jour de la noce, mes amis, si vous voulez, nous n'arrêterons rien pour le quart d'heure. Père Brillaut, si c'est votre avis, nous irons tous ensemble pousser une visite à M. Silleux dimanche prochain, et, par la même occasion, nous mettrons ces enfants-là *par accords*. Je serais bien aise que M. Silleux fût de la noce, et vous comprenez qu'il faut bien que nous prenions sa commodité. »

Je fus tout à fait de l'avis de La Perrière, d'autant plus que M. Silleux, la première fois que je l'avais vu, m'avait fait voir son désir d'assister au mariage de son filleul.

Il fut donc convenu que le dimanche suivant, qui était le 17, nous nous trouverions tous les six, au *Chapeau-Rouge*, sur les neuf ou dix heures du matin.

« C'est ça, dit ma femme qui avait un petit grain de dévotion, c'est le dimanche des *Rameaux*, nous irons à la grand'messe à St-Maurice.

» — Et nous verrons M. l'évêque avec son grand rameau, dit Rose qui semblait bien plus se préoccuper de l'éclat des cérémonies de la cathédrale que de la messe elle-même, et puis le suisse avec son bel habit brodé, et les chanoines et les chantres. »

Ce qui me faisait faire en moi-même cette réflexion que ce qui attire le plus les femmes dans les églises, c'est la richesse des ornements, les chants, la pompe, pour tout dire le plaisir des yeux et des oreilles.

« Comme vous voudrez, dit La Perrière; pendant que les femmes iront à la messe, nous autres, père Brillaut, nous irons causer avec M. Silleux en les attendant. Il doit avoir quelque chose à nous conter. »

Ce qui était dit fut fait. Au coup de neuf heures nous arrivions tous les trois dans la rue Châteaugontier, la mère, Rose et moi. Nous avions mis nos beaux effets ; Rose avait passé une demi-heure de plus à s'habiller. Elle avait un beau jupon bleu, un tablier

de serge à rayures, un fichu à grandes fleurs
qu'elle avait eu d'une de ses tantes, morte depuis
cinq ans, et une superbe coiffe à plis plats dont la
dentelle avait bien un demi-pouce de haut.

Les Ciron nous attendaient déjà, La Perrière avait
fait servir une bouteille. Nous en prîmes un verre,
puis de là nous nous dirigeâmes du côté de chez M.
Silleux. Les femmes nous quittèrent pour aller à la
messe.

M. Silleux nous reçut comme toujours avec son
large et bon sourire. Quand nous lui eûmes appris
que nous venions pour les accords et que les femmes étaient à la messe à St-Maurice : « C'est bon,
dit-il, la messe sera longue aujourd'hui, c'est le
jour des Rameaux, ça se trouve à merveille ; je vais
faire retarder le déjeûner, de manière qu'il soit prêt
pour la fin de la messe, quand les femmes arrive-
ront. »

M. Silleux n'était pas marié, il n'avait avec lui
qu'une vieille domestique qu'on nommait Jeanneton.
Il l'appela.

« Allons, Jeanneton, dit-il, voilà de l'ouvrage, ma
fille, vous préparerez six couverts de plus. Nous ne
déjeûnerons qu'à midi ; vous avez le temps, faites
pour le mieux. »

Jeanneton était contente quand elle voyait du
monde à la maison, ça la distrayait ; la pauvre vieille
devait bien s'ennuyer quelquefois de n'avoir jamais

pour compagnie que son savant de maître toujours le nez dans ses livres et ses paperasses.

« Soyez tranquille, monsieur, je vais vous arranger au mieux. Seulement vous ne mangerez pas de viande aujourd'hui. Il n'y en a pas chez les bouchers. C'était maigre hier et avant-hier, c'est encore maigre aujourd'hui et ce sera maigre toute la semaine. Les bouchers ne tuent plus depuis mardi. Mais je m'en vais courir à la poissonnerie, et là je trouverai de quoi vous régaler. »

« Eh bien, nous dit M. Silleux, quand Jeanneton fut sortie, à quand la noce ?

» — Nous n'avons encore rien décidé, dit La Perrière. Nous tenons beaucoup à vous avoir, et, comme nous savons que vous êtes bien occupé par vos affaires de tribunaux, nous avons voulu auparavant prendre votre convenance.

» — Ah ! c'est bien aimable à vous, dit l'honnête homme ; je vous suis bien reconnaissant de votre attention. C'est qu'en effet, je tiens à assister à ton mariage, mon Jacques, et j'espère que je serai un de tes témoins. Voyons, attendez. »

Il prit une espèce de petit livre en long qui était sur son bureau, le feuilleta, puis, après avoir suivi avec son doigt sur deux ou trois pages :

« Le mardi de la Quasimodo, dit-il, ça ne se pourrait pas ; mais, le mardi suivant, ça vous convient-il ?

» — D'accord, fit La Perrière. Et à vous, père Brillaut ?

» — Moi de même, répondis-je. Et Jacques, ça lui est bien égal, je suppose, pourvu que ça soit le plus tôt possible.

» — Oui, dit Jacques, mais ça ne peut guère être plus tôt, puisqu'on ne peut se marier pendant le carême ni pendant la huitaine de Pâques à moins de payer une grosse dispense, et qu'il n'y a que le temps pour les bans. »

Nous causâmes encore un peu de tous nos projets, puis La Perrière demanda à M. Silleux comment ça se passait à Versailles et à Paris.

« Les choses vont de mal en pis, nous dit M. Silleux ; nous avons affaire à un gouvernement qui s'entête dans les fautes qu'il commet ; les avertissements, les leçons, la résistance des hommes les plus éclairés de la France ne lui servent à rien.

» Vous savez que le duc d'Orléans, après la fameuse séance du Parlement du 24 novembre, a été exilé dans sa terre de Villers-Cotterets, et que les deux conseillers, MM. Sabathier et Fréteau, ont été enfermés le premier au Mont-Saint-Michel, le second à Doullens.

» Cet acte de provocation audacieuse souleva le Parlement tout entier contre la cour et le ministre ; il refusa énergiquement l'enregistrement de nouveaux édits tant que le duc d'Orléans ne serait pas rappelé et les deux conseillers délivrés.

» M. Loménie de Brienne, du reste, qui est soutenu par la reine dans cette lutte contre le Parlement, n'est pas seul à dominer le roi. Il a pour collègue un homme actif, entreprenant et tenace, qui le seconde admirablement, c'est le garde des sceaux, M. de Lamoignon. Ce secours n'est pas de trop, car le malheureux archevêque-ministre est assez malade. Il est miné par la fièvre, des crachements de sang continuels l'épuisent, et, qui plus est, il est rongé par une maladie honteuse qu'on n'est pas accoutumé à rencontrer chez un homme d'église qui a fait vœu de chasteté.

» Il a donc fait de M. de Lamoignon un autre lui-même, qui partage en tout ses vues ambitieuses et sa haine contre les Parlements.

» Des deux choses qu'il convoitait le plus ardemment, l'abolition des Parlements et l'archevêché de Sens pour lui, qui vaut mieux que celui de Toulouse, il a déjà obtenu la seconde. Grâce à la faveur de la reine, il a été nommé archevêque de Sens, et, comme il est criblé de dettes, malgré les avantages énormes attachés à ses fonctions, on lui a donné, par-dessus le marché, une coupe de bois qui vaut 900,000 livres.

» C'est ainsi que la fortune de la France s'engloutit tous les jours entre les mains d'odieux intrigants qui nous mènent à une catastrophe.

» Le Parlement de Paris savait avec certitude qu'à la cour on tramait son abolition; mais il dou-

tait que l'audace de Brienne et de Lamoignon allât
jamais jusqu'à la mise à exécution de leurs projets.

» Voici qu'au mois de janvier dernier, on s'aperçoit un jour que des courriers partent de Versailles
pour la province dans toutes les directions. On assure
que les intendants de province et les commandants
de place, qui d'habitude passent beaucoup plus de
temps à Paris que là où ils devraient être pour remplir leurs fonctions, ont reçu l'ordre de regagner
leur poste sans délai. Des bruits menaçants circulent. On dit que les dépêches emportées par les courriers doivent être ouvertes partout le même jour, dans
toute la France. Enfin aujourd'hui on prétend que,
dans le palais même de Versailles, une imprimerie
clandestine est installée, que les ouvriers y sont
gardés à vue par la force armée, et qu'on y tra-
vaille à imprimer des édits qui verront le jour tous
ensemble.

» Ces rumeurs ont excité, vous le comprenez, la
défiance et l'inquiétude du Parlement. Il sent que
toutes ces mesures sont prises contre lui, d'autant
plus que l'on masse des troupes autour de Paris.
Evidemment la cour craint que le peuple ne prenne
parti pour le Parlement.

» Voilà, mes amis, où nous en sommes. Le peuple
souffre, il est réduit à la misère à force de payer, et
les ministres, voulant faire du roi un despote qui
n'ait de comptes à rendre à personne, viennent

d'engager avec le Parlement une lutte qui ne peut qu'amener des malheurs.

» Qu'arrivera-t-il ? je l'ignore. Mais tous les jours je ne manque pas d'aller faire une visite aux *Trois-Marchands* où relaie le coche de Paris, afin d'apprendre par les voyageurs ce qui a pu se passer. D'un moment à l'autre vous pouvez vous attendre à quelque grande nouvelle. »

M. Silleux cessa de parler, nous étions tout tristes de son récit, et il ne fallut rien moins que le retour des femmes et le déjeûner pour nous remettre de belle humeur.

Après le déjeûner, nous sortîmes tous les six pour aller faire nos emplettes. M. Silleux nous indiqua un orfèvre de la rue St-Laud, à l'*Epi d'or*, où nous serions bien servis.

« Je ne vous accompagne pas, mes amis, nous dit-il, mais je me réserve de faire mon cadeau à la mariée... plus tard. »

C'était en vérité quelque chose de bien beau que la boutique de l'*Epi d'or* : les bagues, les boucles d'oreilles, les croix, les montres, les pendules, tout cela étincelait et éblouissait. Rose en était tout ébahie ; elle ouvrait de grands yeux et restait comme en extase devant toutes ces belles choses.

« Voyons, lui dit La Perrière ; Rose, ma fille, tu vas faire ton choix. Jacques va te payer une alliance, ça c'est son affaire. Pour moi je te paierai une paire de boucles d'oreilles.

» — Et moi une belle croix d'or, dit la mère Ma-thurine.

» — Tout ça ! dit Rose. Mais j'aurai l'air d'une princesse !

» — Va, va, ma fille, reprit La Perrière, ça n'arrive pas tous les jours. Quand on se marie, c'est toujours avec l'espérance que ça n'arrive qu'une fois dans la vie. »

L'orfèvre nous fit voir d'abord des alliances. Jacques les prenait une à une et les présentait à Rose qui les essayait. Après en avoir ainsi mis trois ou quatre de suite à son doigt, elle en trouva une qui allait.

« En voilà une bonne! » dit-elle.

Puis ce fut le tour des croix d'or, et ensuite les boucles d'oreilles. Mais c'était là une grosse difficulté.

« Vous n'avez jamais porté de boucles, dit l'orfèvre, il va falloir vous percer les oreilles.

» — Est-ce que ça fait grand mal ? dit Rose.

» — Non, reprit le marchand, ce n'est rien, une piqûre d'épingle.

» — Bah ! dit La Perrière, il n'y a point de plaisir sans peine. »

Alors l'orfèvre se mit en devoir de faire son opération. Je ne suis pas bien sûr qu'elle ne tremblât pas un peu quand il lui appuya le petit bout de l'oreille sur un bouchon et qu'il approcha de l'autre côté son instrument pointu comme une aiguille.

Mais ce fut l'affaire d'un instant. A la première elle fit entendre un petit « hôlà ! » mais à la seconde elle ne souffla pas. Elle en fut quitte pour la peur et quelques gouttes de sang.

Pendant ce temps-là, nous autres, nous la regardions en souriant et nous lui faisions honte de son saisissement.

Je croyais que c'était tout, mais Jacques lui dit :

« Rose, tu ne peux pas rester comme ça, il te faut une bague avec ton alliance. Je veux que tu aies une belle bague à ton doigt du milieu. Faites-nous voir ça, monsieur l'orfèvre. »

Le marchand ne se fit pas prier et le choix fut bientôt fait.

Chacun paya alors ce qu'il avait acheté pour notre Rose : il n'y avait que nous qui ne ne lui avions rien payé. Pauvre fille, nous lui avions donné tout ce que nous pouvions lui donner : nous l'avions bien élevée, dans le respect et l'affection de ses parents, dans l'honnêteté, dans les bons principes en un mot. C'était là toute notre fortune.

Nous retournâmes chez M. Silleux, à qui nous nous fîmes un plaisir de faire voir tous les bijoux de Rose. Le brave homme trouva tout très-bien et lui fit compliment sur son bon goût.

« Allons, dit-il, maintenant c'est convenu je serai à Sorges de mardi en trois semaines, dès neuf heures du matin. Comptez sur moi. »

Nous lui fîmes nos adieux et nous partîmes.

Pour rester plus longtemps ensemble, nous nous en allâmes par les Justices et le Bourg-la-Croix. Ce fut là, au carrefour de ce village, que nous nous quittâmes, les Ciron prenant par le chemin de Sorges et nous par celui de St-Augustin.

XII

Les Noces de Rose

Je ne crois pas avoir vu jamais tant de monde passer par notre pauvre baraque que pendant les trois semaines qui suivirent. Aussitôt qu'on avait su, par les publications faites en l'église de Saint-Aubin, que le mariage de Rose allait décidément avoir lieu, une véritable procession avait commencé.

C'était à qui viendrait nous faire compliment sur le riche mariage que nous faisions. Les jeunes filles surtout, les amies de Rose, dès qu'elles surent que les *dorures* étaient achetées, venaient par deux, par trois, par quatre à la maison et demandaient à les voir. Elles trouvaient tout magnifique, mais c'étaient principalement ses boucles d'oreilles qu'elles admiraient.

C'est que c'était aussi un joli travail que ces boucles! Elles étaient de deux pièces : un petit anneau que Rose gardait à ses oreilles et les grandes boucles qu'elle pouvait accrocher à volonté à l'anneau, et qu'elle ne devait porter qu'après le mariage.

Les femmes aussi venaient nous voir et causaient avec Catherine. Quant aux hommes, Dieu sait combien il y en avait qui me disaient :

« Hein ! Germain, te voilà tiré d'embarras. Ta fille fait un bon mariage. »

Moi je répondais toujours :

« Pourvu qu'elle soit heureuse, c'est tout ce que je désire. »

Et ils reprenaient :

« Oui, oui, sans doute ; mais si la fortune ne fait pas le bonheur, elle l'aide bien un peu à venir. »

Franchement j'étais bien heureux, et je ne pouvais guère m'empêcher de le laisser voir. Quant à Rose et à Catherine, elles ne dormaient plus. Je pense que c'étaient les préparatifs de la noce qui leur trottaient comme ça par la tête pendant la nuit et qui les empêchaient de fermer l'œil.

C'est qu'il y avait une chose qui les préoccupait bien vivement en effet ; c'était la toilette du jour des noces. Rose avait de belles bagues, de belles boucles d'oreilles, une belle croix ; mais ce n'était pas tout ce qu'il fallait. Comment serait-elle habillée ? Il fallait une toilette pour aller avec ça. Comment faire ? Je n'avais point d'économies pour lui acheter une robe, un tablier, un fichu et une coiffe de noces. C'est surtout Catherine que ça tourmentait.

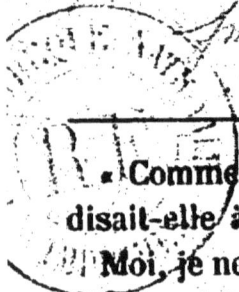

« Comment ferions-nous bien, Germain ? » me disait-elle à tout moment.

Moi, je ne savais que dire.

Enfin à force de chercher, elle finit par découvrir qu'en défaisant une vieille robe à elle, passée de mode, mais bien conservée, et en la remontant à la mode du jour, on aurait quelque chose d'à peu près passable. Un vieux tablier bleu, qui venait de je ne sais plus quelle grand'mère, ferait un fichu assez propre. Quant à la coiffe et au tablier de noces, la dépense serait minime et on arriverait bien à la faire sans trop se gêner.

Ce fut donc bien arrêté comme ça entre la mère et la fille.

Mais voilà que le lendemain, juste au moment où les couturières, la fille à Jean Ragaud et son apprentie, allaient mettre les ciseaux dans la robe, le vieux Bansard, qui faisait les commissions des Ponts-de-Cé à Angers et d'Angers aux Ponts-de-Cé, arrive à la maison avec un ballot sous le bras.

« Tenez, la Brillaut, dit-il, voilà un paquet pour vous.

» — De qui ça vient-il ? dit ma femme.

» — Dame ! je ne sais pas trop. C'est une domestique, une femme dans mon âge, qui l'a apporté hier au soir à l'*Auge de pierre*, juste à l'heure où je me disposais à partir d'Angers. Elle m'a dit que c'était pour vous et que ça venait de la rue de l'Aiguillerie.

8

Comme il était grand'nuit quand j'arrivais, j'ai pensé que vous étiez couchés; voilà pourquoi je ne viens que ce matin.

» — Grand merci, Bansard, je sais d'où ça vient. Mais êtes-vous payé de votre commission? Combien vous appartient-il?

» — Oh! rien du tout, je suis payé et bien payé. La bonne femme m'a remis une livre. Ah! si toutes mes commissions m'étaient payées comme celle-là, je serais bientôt à l'abri du besoin. »

La première chose que fit Catherine, quand Bansard fut parti, fut de défaire le paquet. Rose était là qui le dévorait des yeux, car elle avait bien deviné que ça venait de M. Silleux.

C'était une magnifique pièce de drap mignonnette, avec un petit coupon de coton fin à rayures, puis un beau fond de coiffe brodé, une superbe dentelle et un riche fichu à franges.

« Est-il bon, ce M. Silleux! » s'écria Rose, à qui les larmes en venaient aux yeux de contentement. Car le doute n'était pas possible, c'était bien ce brave et excellent homme qui avait compris que n'avions pas le moyen de mettre la toilette de notre fille d'accord avec les cadeaux que lui avaient faits son futur et ses beaux-parents.

La fille, la mère, les couturières étaient comme en extase devant le ballot défait et étalé sur la huche; puis elles prenaient les étoffes l'une après l'autre, les mettaient au jour, leur faisaient faire des plis ondoyants pour en examiner le reflet, et chacune d'elles ne finissait pas de répéter : « Dieu du ciel, que c'est beau ! »

Les ouvrières elles-mêmes étaient bien contentes, car, à leur dire, elles aimaient bien mieux travailler dans du neuf que dans du vieux.

Le dimanche de la *Quasimodo*, nous allâmes chez les Ciron. La Perrière nous avait invités à aller avec eux visiter la maison que devaient prendre Jacques et Rose après leur mariage.

C'était à la Maraichère : une petite maisonnette à deux chambres, avec grenier au-dessus, une petite cour devant, avec un mur bas sur le bord du chemin, et par derrière un jardinet, où il y avait un prunier, un cerisier, deux pommiers et trois poiriers, sans compter un beau lilas qui poussait dans un coin.

« Que nos enfants seront heureux là-dedans ! » disait La Perrière.

Et moi, je me sentais tout je ne sais quoi en pensant au bonheur de ma fille ; j'avais comme des envies de pleurer.

Enfin le grand jour arriva.

Il va sans dire que les deux curés de Sorges et de St-Aubin s'étaient tout à fait bien accordés ; seulement je ne suis pas certain que le premier n'ait point été obligé de payer quelque chose au second, pour

avoir l'avantage de faire un si beau mariage qui ne
lui revenait pas de droit. Après tout, ça nous était
bien égal ; ils pouvaient s'arranger entre eux comme
ils l'entendaient ; c'était leur affaire. Quant à nous,
l'important c'était que nous pussions nous arranger
à notre idée.

Tout le bourg de Sorges fut sur pied le jour du
mariage ; les vieilles mères disaient qu'elles n'avaient
jamais vu si belle noce. Il y avait, comme invités,
du monde de tous les côtés : de Sorges, de Trélazé,
d'Angers, des Ponts-de-Cé, de St-Jean-des-Mau-
vrets, jusque de Blaison, de Brissac et de Quincé.
La jeunesse surtout était nombreuse, car La Perrière avait dit qu'on danserait deux jours.

Rose était vraiment belle dans sa toilette de mariée, avec sa couronne de fleurs d'oranger sur sa
coiffe, au côté un gros bouquet d'où pendaient deux
grands rubans blancs jusqu'au bas de son tablier.
Partout où nous passions j'entendais les femmes
qui disaient : « Est-elle jolie ! Dieu du ciel, est-elle
jolie ! »

Avant de quitter l'église, un des garçons de cérémonie quitta sa place et entra dans le chœur pour
aller décrocher la quenouille de la mariée.

C'est qu'il existe à Sorges un vieil usage qu'on ne
voit nulle part, souvenir du servage auquel les manants étaient soumis jadis et dont ils avaient

encore bien à souffrir, à cette époque, de mille autres manières.

Il y avait alors ce qu'on appelait le *Droit du Seigneur* ; coutume abominable et odieuse, d'après laquelle, quand une jeune fille se mariait, elle était obligée, de force ou de bonne volonté, de passer la première nuit de ses noces avec le seigneur de l'endroit. Cette abomination, dont profitaient aussi bien les seigneurs ecclésiastiques que les autres, avait fini par se perdre ; mais, comme la noblesse et le clergé n'ont jamais consenti à faire complètement l'abandon de ce qu'ils considéraient comme un droit, elle avait été remplacée par une redevance soit en argent, soit en nature, suivant les endroits.

A Sorges, voici ce qui se pratiquait depuis longtemps.

Le jour des noces, un des garçons de cérémonie allait décrocher une quenouille de lin fin qui se trouvait dans le chœur à côté de l'autel ; il l'emportait à la maison et la remettait à la mariée.

Celle-ci devait filer le lin, et, quand elle avait fini, elle devait rapporter dans l'église, à la même place, la quenouille garnie de lin semblable, ainsi qu'une pièce de fil de cinq fusées.

Le fil était pour l'église. Telle était la redevance que les jeunes ménages de Sorges étaient tenus de fournir, pour tenir lieu de l'infâme droit qui existait jadis.

Nous savions tous cette chose-là, mais comme ce n'était pas bien gênant de filer une quenouille et de fournir une poupée de lin, les jeunes femmes ne s'y refusaient pas; au contraire elles mettaient un véritable amour-propre à remplir cette obligation avec goût, car on n'épargnait pas les risées et les plaisanteries à celle qui rapportait une quenouille mal tournée.

De retour à la maison, on se mit à table dans la grange, derrière la maison des Ciron; nous étions plus de quatre-vingts. Tout le monde était d'humeur joyeuse; chacun causait, jasait, riait, plaisantait et mangeait, que c'était plaisir à voir.

A la fin du dîner La Perrière se leva.

« Allons, mes amis, dit-il en prenant son verre, buvons à la santé des nouveaux mariés et à leur prospérité.

» Ces jeunes gens-là, écoutez-moi, verront des choses que nous ne verrons pas, nous autres anciens. Il faut leur souhaiter du bonheur.

» Le peuple est bien malheureux, il y a longtemps qu'il souffre, il n'a jamais tant souffert. Mais il y a quelque chose qui me dit là, ajouta-t-il en se frappant le front, que le temps est proche où les choses vont changer.

» Nous sommes encore à peu près tous, mes amis, sous la dépendance et comme à la merci des prêtres et des nobles; mais à la fin on se lasse de souffrir,

on finit par se demander si ces hommes, qui sont
si arrogants et si durs pour les pauvres diables de
manants, ne sont pas, après tout, nés comme nous
tous d'un homme et d'une femme. Et quand on s'est
demandé ça, et quand on s'est répondu qu'un noble
est de la même pâte que nous autres, qu'un prêtre
vaut encore beaucoup moins, car, s'il obéit à sa religion, c'est un être inutile à l'humanité, on se sent
tout aussi homme que ces grands seigneurs et l'on
se dit qu'on est bien de taille à leur tenir tête.

» Oui, mes amis, ces idées-là commencent à venir
à tout le monde, et le temps n'est pas loin où ce
sera nous, la grande masse du peuple, qui ferons la
la loi.

» Je ne verrai peut-être pas ça, moi ; je suis trop
vieux. Mais vous, mes enfants, Jacques et Rose,
vous le verrez, j'en suis sûr. A votre santé et que
ça soit le plus tôt possible ! »

« Bravo ! pour le père La Perrière ! cria toute la
noce. Bravo, bravo ! »

Je n'avais jamais vu La Perrière si animé, car
d'habitude il causait peu. Je crois bien que le petit
vin blanc que nous buvions lui faisait un peu d'effet.
Et puis, la joie, le contentement... Dame ! on s'émous-
tille à moins.

Quand on eut fait un peu silence, M. Silleux se
leva à son tour. Il ne désapprouva pas ce qu'avait
dit La Perrière, mais il nous dit qu'en toutes choses

il fallait éviter les excès ; que si les nobles et les prêtres étaient en général durs et méchants pour le peuple, il pouvait y avoir des exceptions, témoin ce pauvre lieutenant de Rochefauve, qui, par reconnaissance et par estime, avait fait le bonheur de Michel Ciron.

« C'est vrai, cria La Perrière en l'interrompant, celui-là était digne de ne pas être noble ; il ne ressemblait pas aux autres ! Il n'a jamais fait bâtonner un homme dans ma compagnie. »

Puis M. Silleux termina son petit discours en trinquant avec la mariée et le marié et en buvant à leur santé.

Après cela, un grand et beau garçon de Quincé, cousin des Ciron, vint se placer devant la mariée et lui chanta la chanson de noce d'habitude dont je me rappelle un couplet :

> Si vous avez chez vous des bœufs aussi des vaches,
> Si vous avez aussi du beurre et du fromage,
>   Faudra, soirs et matins,
>   Veiller à tous ces biens.

Chacun après lui voulait aussi chanter sa chanson ; mais les jeunes gens n'étaient pas de cet avis-là. L'envie de danser leur donnait des démangeaisons dans les mollets. Aussi dès que l'un d'eux, à la fin d'une chanson, se fût écrié : « Si nous dansions ! » la grange se vida en un clin d'œil. On enleva les tables, on rangea les bancs tout autour ;

deux vieilles busses furent placées dans un bout avec des planches par dessus, et le violoneux s'y installa.

La jeunesse s'en donna à cœur joie ; on dansa jusqu'à l'heure du souper sans repos ni cesse. Tout le monde avait pris part à la première danse, vieux comme jeunes, chacun avec sa femme, Michel avec Mathurine, Jacques avec Rose, moi avec Catherine. Mais ceux qui, comme Michel et moi, n'étaient plus jeunes, laissèrent bientôt la place libre aux autres, et l'on s'en alla, bras dessus bras dessous, faire un tour du côté du pont de Sorges. Le temps était beau d'ailleurs et c'était un plaisir de prendre l'air un peu, d'autant plus que le petit vin blanc de La Perrière nous avait un peu monté à la tête.

Le souper ne fut pas moins gai que le dîner ; on chanta encore davantage, la joie éclatait partout.

Puis vint le moment des *livrées*. Le violoneux se mit à jouer un air doux et lent, pendant lequel chaque nocier, homme et femme, garçon et fille, s'approcha en silence et à tour de rôle de la mariée pour lui offrir son cadeau et l'embrasser.

On se remit ensuite à danser jusque bien avant dans la nuit. Nous autres vieux, nous nous étions retirés pendant ce temps chez la Perrière en petite société, et nous faisions la partie.

A minuit on se sépara ; il fallait se ménager pour le lendemain. La Perrière nous avait offert, à Catherine et à moi, de coucher chez lui. Les autres invités se dispersèrent chacun de son côté, dans le bourg ou aux environs. Quant aux mariés, il avait été décidé entre nous qu'ils ne s'en iraient pas ce soir-là à leur nouvelle demeure; ils couchèrent chez La Perrière.

Le lendemain fut encore un jour de joie. Chacun se sentait bien un peu de la veille et plus d'un se plaignait du jambion, mais, une fois en train, personne n'y pensa plus.

Ce fut le soir de ce jour-là, le 10 avril, sur les neuf heures, qu'il fallut se séparer.

Violon en tête, nous partîmes faire la conduite aux mariés jusqu'à la Maraichère.

Là, quand il fallut se quitter, les femmes pleurèrent; Rose et Catherine se tinrent embrassées longtemps en sanglotant. Quant à moi, j'avoue que j'avais le cœur bien gros. Mais je me faisais une raison ; je voyais ma fille pour être heureuse, et ça me consolait.

C'est égal, en rentrant sur les onze heures dans notre pauvre baraque de Saint-Aubin, je trouvai la maison bien grande et les larmes me vinrent aux yeux. Catherine aussi pleurait à chaudes larmes, et nous ne nous disions rien ; nous n'osions parler de notre fille, comme si nous avions eu peur l'un et l'autre de raviver notre peine.

Enfin, grâce à la fatigue de ces deux jours de

noce, nous finîmes par nous endormir au bruit du
fleuve qui clapotait au bas de notre maison.

Le lendemain, il faisait grand jour quand j'ouvris
les yeux: Catherine dormait encore. Je la poussai
doucement du coude :

« Allons, Catherine, lui dis-je, il est temps de
nous lever. Dépêchons-nous. Cassons vite une
croûte et allons lever les boisselles; il doit y avoir
du poisson de pris, depuis deux jours que nous n'y
avons été voir. »

A partir de ce jour, nous nous remîmes tous
deux courageusement au travail, espérant que le
temps viendrait adoucir le chagrin que nous causait le départ de notre fille.

XIII

Les idées de La Perrière

Le dimanche suivant dès neuf heures du matin, Jacques et Rose nous arrivaient. La Perrière était avec eux. Ils avaient voulu nous faire leur première visite après leurs noces, et ils devaient dans la soirée s'en aller souper à Sorges, chez leurs parents Ciron.

Ils avaient l'air heureux comme des princes ; on leur aurait donné le château de maître Gaspard Gauvillier, qu'ils n'en auraient pas paru plus contents.

Bien entendu, nous leur fîmes fête, en les traitant du mieux que nous pouvions.

Pendant que nous dinions d'une de ces bonnes bouquetures, comme Catherine savait les faire et que La Perrière trouvait si bonnes, Jacques me dit :

« Beau-père, les noces sont faites, mais il y a

encore autre chose. Les amis, là-bas, aux *Petits-Carreaux*, vont fêter mon mariage dans le courant de la semaine ; il faudra que vous en soyez, quoique n'étant pas de la corporation. Ça sera pour jeudi. Venez sur les onze heures nous voir à la Maraichère, j'y serai pendant le *durant-l'heure*. Je vous emmènerai avec moi à la *cambuse*. Le père y sera aussi. »

Ça m'était bien difficile de refuser. Et puis, à vrai dire, je n'avais jamais guère eu l'occasion de visiter les perrières de Trélazé. Je n'étais pas fâché de me trouver, un jour en passant, en société avec les perreyeurs d'à-haut. On les disait pas si bêtes que nous, plus à la hauteur, plus au courant des affaires ; je me faisais donc une joie de causer un brin avec eux.

Le jeudi suivant en effet, qui était le 18 avril, je partis sur les neuf heures du matin. Je pris par la Guilbotte, les Maisons-Rouges, laissant les Roncières sur la gauche, par le Baudraierie, la Pyramide, Malaquais et j'arrivai à la Maraichère.

Rose me sauta au cou quand j'entrai. Jacques n'était pas encore arrivé, mais il ne tarda pas.

Nous mangeâmes la soupe ensemble et un bon morceau de lard ; car La Perrière, pour sa *livrée* à la mariée, lui avait fait cadeau d'un charnier qui contenait bien quinze à vingt livres de lard salé.

Quand nous eûmes fini, Jacques me dit :

« Eh bien, beau-père, si vous voulez nous allons nous rendre du côté de la cambuse. »

Rose lui dit :

« Mais pourquoi as-tu donc gardé tes guêtres avec ta culotte de travail, puisque tu ne vas pas à l'atelier cet après-midi ?

» — Ma bonne amie, c'est l'usage parmi nous. A moins d'avoir une longue route à faire pour aller prendre son repas, le perreyeur d'à-haut garde toujours ses guêtres. C'est long à défaire et à remettre toutes ces guenilles qui nous garnissent les jambes et ces *filochons* qui les attachent. Quand on ne se déguêtre pas, on se remet au moins tout de suite au travail, et il n'y a pas de temps de perdu. On n'ôte point non plus ses guêtres pour aller à la cambuse ; car ce serait signe qu'on n'aurait point l'intention de revenir à l'atelier de la journée ; et l'on a toujours besoin d'y aller avant de quitter la butte.

» — Tu ne t'en viendras point tard ? ajouta Rose.

» — Ne crains rien, je m'en viendrai même de meilleure heure que d'habitude, parce que je ne veux pas mettre ton père en nuit. »

C'est une drôle de chose qu'une cambuse ; j'en avais bien des fois entendu parler, mais je n'avais encore point eu l'occasion d'y pénétrer.

Figurez-vous une espèce de cabane basse, dont le toit s'appuie presque sur le sol, quelques marches à descendre dans un bout, une porte par laquelle on

ne peut entrer qu'en se courbant. Là dedans, la plupart du temps, pas d'autre ouverture que la porte ;
c'est bien le cas de dire qu'il y fait noir comme sous
terre ; dans un coin une cheminée faite avec de la
terre glaise et des morceaux d'ardoise.

La porte restant ouverte, on finit, au bout de
quelques minutes, par y voir un peu et par distin-
guer les figures.

Tout à l'entour il y a des coffres et des bancs à
trois pieds ; on s'assied sur les bancs et sur les
coffres. Entre chacun de ces siéges, ou sous les
bancs, il y a des bouteilles de terre à larges panses
de trois, quatre, cinq, six pintes et même davantage ; dans un bout, une, deux et quelquefois trois
busses, l'une sur l'autre quand elles sont vides, sur
des *chantiers* quand elles sont pleines.

C'est là que les perreyeurs d'à-haut se réunissent
pour prendre leur repas, par société de huit, dix,
douze ou plus. Le vin est acheté en commun, chacun emplit ses bouteilles de terre et paie au prorata
de ce qu'elles contiennent. C'est là aussi que parfois
le lundi, ou bien dans des circonstances extraordi-
naires, comme à l'occasion du *guêtrage* d'un *ché-
rubin* (1), d'un mariage, de la naissance d'un enfant,
ils interrompent leur rude travail par quelques
bombances d'autant plus copieuses qu'elles sont
plus rares.

---

(1) Fils d'ouvrier d'à-haut. L'ouvrier dont le père n'est pas
perreyeur est un *peaulier*.

Les amis de Jacques avaient voulu fêter son mariage ; aussi, quand j'entrai avec mon gendre, la cambuse était-elle déjà garnie. Ce fut à grand'peine que l'on me trouva une petite place à côté de La Perrière.

Près de la cheminée il y avait un réchaud allumé sur lequel, dans un large saladier, chauffaient en se couvrant d'une fine mousse blanche, je ne sais combien de pintes de vin.

Je dois dire cependant que, malgré ces préparatifs, il n'y avait là que des hommes sérieux et tranquilles, et pas un seul ne se grisa. On but à la santé de Jacques et de sa femme, à celle de La Perrière, à la mienne, et surtout on causa beaucoup.

Je fus tout étonné de voir que ces perreyeurs en savaient bien plus long que nous autres qui travaillons isolément. Il faut croire que les idées et la connaissance des affaires se propagent mieux quand on vit ainsi en société.

Le grand sujet de la conversation fut la convocation des États généraux dont on commençait à parler déjà un peu partout.

Chacun plaçait son mot.

« Les États généraux, disait l'un, c'est la fin de la misère pour le peuple.

» — C'est le commencement de la justice, disait l'autre.

» — C'est l'abolition des droits féodaux, disait un troisième.

» — Plus de dîmes, plus de corvées, plus de barrières, plus d'octrois, ajoutait un quatrième, quand ce seront les Etats généraux qui feront la loi.

» — Jusqu'à présent, dit La Perrière, nous avons payé comme des imbéciles, sans nous inquiéter de savoir si ce qu'on nous demandait était dû. Eh bien, le Parlement l'a déclaré, c'est un véritable vol ; les rois n'ont pas le droit d'imposer le peuple sans son consentement. Tout ce que nous avons payé depuis des siècles, en dîmes, en redevances, en corvées, en gabelle, en impôts de toutes sortes, on nous l'a volé. Jamais le peuple n'a été consulté. Si nous avons les Etats généraux, il n'en sera plus de même. Nos députés feront le compte des dépenses indispensables. Ils diront : Pour ça il faut tant, pour ça il faut tant, pour telle autre chose il faut tant ; puis ils feront le total. Alors ils décideront que la nation doit fournir la somme nécessaire pour payer le total de ces dépenses ; et tout le monde, il faut l'espérer, sera tenu de payer suivant ses capacités ; personne n'en sera exempt, pas plus les nobles et les prêtres que les bourgeois, les artisans, les ouvriers et les campagnards. »

De tous ces hommes, La Perrière était celui qui paraissait avoir le plus de connaissances, aussi était-il écouté avec grande attention. Il était peu

causeur de son naturel, mais, comme je l'ai dit
déjà, quand il avait bu seulement une tassée de
vin, il semblait se réveiller et disait des choses fort
sensées. Ses camarades paraissaient avoir du respect pour lui, ils lui demandaient conseil et tenaient
grand compte de ses avis.

Voyant que tout le monde disait son mot sur les
Etats généraux, je voulus aussi placer le mien.

« Mais, dites-moi, La Perrière, les Etats généraux seront-ils toujours là pour nous défendre contre la maudite engeance qui nous dévore ? Ils feront des lois, c'est bon ; mais, eux partis, ne crai-
gnez-vous pas que la cour, les ministres, la reine,
les cardinaux, les nobles et les prêtres ne rattra-
pent ce qu'ils auront perdu ? Depuis tant de siècles
que ces gens-là se gobergent à nos dépens, croyez-
vous qu'ils consentiront si facilement à faire l'abandon de ce qu'ils appellent leurs droits ?

» — Brillaut, me dit La Perrière, écoutez bien.
Nous touchons à de grands événements. Il y a
quelque chose dans l'air. Je sens là, dit-il en se
frappant le front, geste qui lui était habituel, que
le vieux monde est fini. Tenez, on dit pourtant que
le roi Louis XVI n'est pas un méchant prince ; à
coup sûr il vaut mieux que son grand-père Louis XV ;
eh bien, malgré ses bonnes qualités, je ne serais
pas étonné que ce fût notre dernier monarque.

» — Comment, dit un vieux perruyeur à barbe

grisonnante, tu crois, La Perrière, qu'après lui nous n'aurons plus de rois?

» — Oui, Peau-de-Tambour, je crois ça, reprit La Perrière. Les réformes que tout le peuple désire, les Etats généraux les feront, mais ce n'est pas Louis XVI qui les mettra en pratique. Ça n'est pas possible. Sème donc du blé sur nos buttes, et tu verras s'il lèvera. Il ne faut pas demander à la monarchie ce qu'elle ne peut donner.

» — Alors, reprit celui que La Perrière appelait Peau-de-Tam'our, qu'aurons-nous après Louis XVI?

» — Un gouvernement qui sera celui de la nation elle-même se gouvernant par elle-même. La nation nommera ses députés, et ce sont ces députés qui la gouverneront. Autrement tout ce que pourraient faire les Etats généraux, et rien, serait la même chose.

» — Comme ça, père La Perrière, dit un jeune homme, si la monarchie est abolie en France, nous serons en République?

» — Tu l'as dit, mon fils, repliqua le vieux soldat. Nous serons en République; il n'y aura plus qu'un roi, la loi. A la place du bon plaisir d'un monarque, on mettra la justice. Toi, simple perreyeur, tu seras devant la loi l'égal de M. de Contades et de Mgr de Lorry notre évêque.

» C'est là, mes amis, ce qu'on appelle la République; c'est là ce que La Fayette a aidé les Américains à établir par-delà les mers à dix-huit cent lieues d'ici dans le Nouveau-Monde ; et il faut espérer que nous y parviendrons aussi en France......

» Voilà mes idées, ajouta La Perrière après un moment de silence, sur ce que devront faire les Etats généraux, s'ils veulent sincèrement nous délivrer de la servitude.

» Allons, buvons une dernière rasade aux Etats généraux, et retournons à l'atelier, camarades, ranger les outils et mettre les *tue-vent* en chapelle, car la brune commence à venir et Brillaut voudra sans doute encore embrasser sa fille avant de partir. »

Là-dessus chacun se leva ; on but une dernière tassée de vin chaud, et, après s'être serré les mains, on se sépara.

J'accompagnai La Perrière et son fils à leurs ateliers qui étaient à côté l'un de l'autre. En un tour de main ils eurent égaillé le *grouas* qui par le rondissage s'était accumulé autour du *chaput* (1), rangé l'ardoise, les ciseaux, le doleau, le maillet, les sabots point *parés*, la boîte à l'oing, mis leurs tue-vent en chapelle, défait leurs guêtres, et nous partîmes tous trois ensemble.

En passant à la Maraichère, j'embrassai Rose.

---

(1) Sorte de billot sur lequel l'ouvrier d'à-haut taille (ou *rondit*) l'ardoise au moyen du doleau.

Elle voulait me retenir à souper ; mais il se faisait tard, je ne voulus pas, craignant de rendre la mère inquiète.

Chemin faisant, les paroles de La Perrière me trottaient par la tête : « La République, me disais-je, l'égalité devant la loi, la justice pour tous ! Il a de fameuses idées ce bonhomme-là ; mais verrons-nous ça ? »

XIV

Le coup du 8 mai

Nous restions bien tranquilles dans notre baraque, n'ayant point le temps de songer à autre chose qu'à échapper aux vexations des gens du fisc ou de l'abbaye de S.-Aubin, quand vers la fin de juin, m'étant rendu à la ville, avec La Perrière et Jacques, nous sûmes par M. Silleux qu'il s'était passé de graves affaires à Paris. Le contre-coup s'en était fait sentir jusqu'à Rennes.

La dernière fois que nous avions causé avec notre procureur, il nous avait dit qu'on était dans des transes, que l'on craignait un coup contre le Parlement.

Voici ce qui s'était passé depuis.

On soupçonnait qu'il y avait, au palais même du roi, une imprimerie secrète, que les ouvriers du métier y étaient gardés à vue, sous les baïonnettes, afin que les édits terribles que l'on préparait ne fussent connus de personne.

Or il y avait, dans le Parlement de Paris, un conseiller, plein d'énergie et de dignité, qui avait déjà osé dans une séance royale, tenir tête au roi.

C'était M. Duval d'Espréménil. Il se chargea de découvrir ce qu'on préparait à l'imprimerie de Versailles.

Il fit connaissance avec la femme d'un ouvrier imprimeur et la gagna à prix d'or. Celle-ci ne fut pas longtemps avant d'avoir trouvé le moyen de correspondre avec son mari qui lui fit parvenir, en la jetant par une fenêtre, une feuille des édits en préparation roulée dans une boule de terre glaise.

La femme porta cette feuille à M. d'Espréménil, et le Parlement sut par là qu'il était à la veille d'être cassé et remplacé par d'autres magistrats plus complaisants qui sauraient obéir.

Alors, dans une séance où se trouvaient des pairs de France, le duc d'Uzès, le duc de Praslin, le duc de La Rochefoucauld et bien d'autres, les conseillers au Parlement de Paris font le serment qu'ils n'enregistreront plus aucun édit royal jusqu'à la convocation des Etats Généraux, et se déclarent aussi inviolables que le roi.

Dans cette séance il y avait un autre magistrat qui ne s'était pas montré moins ardent ; c'était M. Goislard de Montsabert. Il avait été, l'année précédente, nommé député à l'Assemblée provinciale d'Anjou, mais, adversaire déclaré du ministre, il avait refusé.

La cour apprend ce qui s'est passé au Parlement, et aussitôt l'ordre est donné d'enlever MM. d'Espréménil et de Montsabert.

Cet ordre devait être exécuté dans la nuit du 4 au 5 mai. Mais un membre du conseil fut averti à temps; les deux magistrats menacés s'échappèrent de leur maison et se réfugièrent au sein même du Parlement.

Là, pendant qu'au milieu de la nuit ils font à leurs collègues le récit de leur évasion, on entend tout à coup le pas des chevaux. Le Palais de justice était cerné par un régiment de cavalerie; bientôt il est envahi par un bataillon des gardes françaises.

M. le marquis d'Agoust qui le commande pénètre dans la grand'chambre. Il se trouble en présence du calme et de la majesté de cette assemblée : il y avait là cent-vingt magistrats en robe rouge, des ducs, et pairs, des cardinaux, des maréchaux de France, Un silence sévère règne dans la salle. M. d'Agoust, d'une voix mal assurée, donne l'ordre d'arrêter MM. d'Espréménil et de Montsabert.

« La cour va en délibérer, » répond gravement le président.

M. d'Agoust insiste; le président ne lui répond que par un geste de mépris.

« Où sont MM. de Montsabert et d'Espréménil ? » dit le major qui ne les connaissait pas.

» — Nous sommes tous d'Espréménil et Montsabert ! » cria un membre. Et tous répétèrent le même cri.

Le marquis d'Agoust et ses soldats durent se retirer devant cette belle tenue pour aller prendre de nouveaux ordres.

Les magistrats restèrent en séance toute la nuit

Le lendemain, M. d'Agoust revient avec un officier de robe courte qui avait ordre de désigner MM. de Montsabert et d'Espréménil.

L'officier répond qu'il ne les voit point. M. d'Agoust le menace ; il persiste à dire qu'il ne les aperçoit pas.

Alors les deux conseillers, trouvant que le Parlement avait suffisamment fait comprendre aux officiers royaux le respect auquel il avait droit, se livrent d'eux-mêmes en disant qu'ils ne cèdent qu'à la force.

Il sortent en saluant profondément le Parlement.

On les fit monter chacun dans une voiture ; puis M. d'Espréménil fut enfermé aux îles Ste-Marguerite et M. de Montsabert au château de Pierre-Encise près de Lyon.

Nous étions tout fiers de la conduite de M. de Montsabert qui était un de nos compatriotes. Je ne pus m'empêcher d'interrompre M. Silleux en lui disant que celui-là, tout noble qu'il était, paraissait devoir être un ami des pauvres gens et serait capable de défendre la cause du peuple contre la cour et les grands.

« C'est possible, dit M. Silleux ; M. Goislard de Montsabert a tout ce qu'il faut pour cela ; il a du sang roturier dans les veines ; son père était un homme de grande valeur, un des membres les plus savants de notre Académie d'Angers ; peut-être ne partage-t-il pas tous les préjugés de l'aristocratie.

» Tenez, continua-t-il, c'est une histoire qui vous intéressera, je vais vous la conter.

» Les Goislard sont conseillers de grand'chambre, au Parlement de Paris, de père en fils ; ils sont devenus, par alliance, seigneurs de Montsabert en Coutures, à la fin du dernier siècle.

» Le père de notre conseiller qui vient de se conduire d'une façon si énergique en face du roi, portait la plus vive affection à une jeune fille pauvre et roturière, fille d'un modeste officier. Elle se nommait Françoise Lesage. Vous savez que les préjugés de la noblesse ne lui permettent pas de s'allier avec les gens du peuple. M. Goislard de Montsabert, comte de Richebourg, conseiller de grand'chambre, pouvait bien faire sa maîtresse de cette jeune fille. Mais l'épouser ! Ah ! comme on rirait de lui dans son monde ! Quelle figure ferait Mlle Lesage, devenue comtesse de Richebourg, auprès des dames de haut lignage qu'elle serait appelée à fréquenter ?

» M. Goislard de Montsabert hésita longtemps. Mais enfin, comme il était homme d'honneur et de caractère, un beau jour il partit avec elle et un mariage clandestin fut conclu à Avignon.

» M. de Montsabert avait bien cinquante ans passés. Il avait refoulé une partie de ses préjugés de caste, cependant il n'avait pas osé aller jusqu'au bout. Il redoutait le bruit qu'un mariage public et authentique ferait dans son pays·

» Toutefois le fond de cet homme, qui était la franchise et l'honneur mêmes, ne pouvait s'accommoder d'une situation pareille. Sa femme légitime passait aux yeux de plus d'un pour sa maîtresse! En 1775 il prit son courage à deux mains, et, par un acte public, il légitima du même coup, à Angers, les cinq enfants qu'il avait de Mlle Lesage et son mariage avec elle.

» Il est mort cinq ans après à l'âge de soixante-douze ans.

» Telle est du moins l'histoire qui se racontait à Angers, il y a une douzaine d'années.

» Son fils, le conseiller actuel au Parlement de Paris, est un tout jeune homme ; il est né à Angers en 1763 ; il a vingt-cinq ans à peine.

» Sa conduite au Parlement prouve qu'il a hérité de la fermeté de caractère de son père. Puisse-t-il se souvenir que sa mère est une fille du peuple, et mettre ses talents et son influence au service de ceux qui souffrent depuis tant de siècles sous le joug de l'aristocratie et du clergé.

» — Mais, monsieur Silleux, dit La Perrière, est-ce que les Parlements ne sont pas en ce moment du moins nos défenseurs contre le despotisme ?

» — Rien n'est moins certain, mes amis, reprit le brave homme. Les Parlements luttent contre le roi parce qu'ils sont une puissance que le roi veut abattre. Quant aux intérêts des pauvres gens, je crains bien qu'ils n'y songent guère. »

M. Silleux ne disant plus rien, nous restions tout songeurs sur ces dernières paroles, quand Jacques lui dit :

« Eh bien ! qu'est-il arrivé à Paris après l'enlèvement de MM. d'Espréménil et de Montsabert ?

» — Ah ! c'est juste, dit M. Silleux, ce n'est pas tout ; les évènements qui ont suivi valent la peine que je vous en parle, d'autant plus qu'ils ont eu leur contre-coup tout près de chez nous, à Rennes, où l'on s'est même un peu battu. On en est encore tout en émoi ici, parmi les gens de robe, au présidial.

» Vous saurez donc qu'après l'arrestation des deux conseillers, le roi a convoqué le Parlement de Paris dans son palais. Là, dans une de ces séances royales qu'on appelle lits de justice, il a tenu un langage très-hautain. M. de Lamoignon, après lui, a fait connaître les nouveaux édits.

» Il faut être juste, s'il y a du mauvais dans ces édits, — et le mauvais c'est surtout qu'ils sont un acte de violence et de despotisme — il y a aussi du bon. Ainsi le roi abolit l'interrogatoire sur la *sellette* et la *question*, l'horrible *question* qui force tant de malheureux à avouer des crimes qu'ils n'ont jamais commis, par crainte de se voir broyer les os !

» Mais c'est là de l'habileté. En faisant cette réforme, M. de Lamoignon s'est imaginé que le peuple ne verrait que cela et qu'il se soucierait peu que par ailleurs les Parlements soient maltraités.

» Je crains fort qu'il ne se soit trompé.

» Les édits royaux enlèvent aux Parlements une de leurs principales attributions, l'enregistrement des lois et des impôts.

» Désormais c'est une Cour plénière, nommée par le roi et composée en majeure partie de courtisans complaisants, qui sera seule chargée de l'enregistrement.

» Il n'y a pas que le Parlement à voir le piége; tout le monde le voit.

» La convocation des Etats généraux est devenue nécessaire. Louis XVI y a consenti; il l'a promise. Mais pourquoi la veut-il? Pour battre monnaie, uniquement. C'est une dure nécessité pour lui, car il en a peur. De sorte qu'il ne serait pas fâché de trouver un prétexte pour reculer autant que possible cette convocation. Brienne et Lamoignon ont donc imaginé cette idée de la Cour plénière qui enregistrera les impôts édictés par le roi.

» Cet acte de violence, soyez en certains, mes

amis, continua M. Silleux, ne fera que hâter la
convocation tant redoutée. On s'est ému partout à la
nouvelle du coup du 8 mai.

» A Rennes notamment, deux jours après, le 10,
quand le commandant, M. le comte de Thiard, et
l'intendant de la province, M. Bertrand de Molleville, qui est détesté, se sont rendus au Parlement
pour signifier les édits, ils ont été assaillis par des
huées et des cris menaçants. On leur a fait toutes
sortes d'avanies. Une corde à nœud coulant a même
été lancée sur M. de Molleville et une pierre l'a
blessé à la tête. Un commencement de combat a eu
lieu, et l'on pouvait craindre les plus grands
malheurs sans le dévouement d'un brave officier du
régiment de Rohan, qui, jetant loin son épée, s'est
précipité au devant de la foule en criant : « Mes amis,
» ne nous égorgeons pas. Je suis citoyen comme
» vous....... Soldats....... halte ! »

» — C'est un homme, celui-là ! dit La Perrière.

» — Oui, dit M. Silleux, car il a empêché une
affreuse boucherie.

» — Comment se nomme-t-il ? dit Jacques.

» — Blondel de Nouainville.

» Les troubles de Rennes ne se terminèrent pas
là cependant, continua M. Silleux. Sur tous les points
de la Bretagne on s'agita. Les membres du Parlement avaient vu fermer leur palais de justice, mais
ils ne capitulaient pas. Ils rédigèrent une protesta-

tion contre Brienne et Lamoignon. Douze comtes et marquis de la noblesse bretonne furent députés à Versailles pour faire des remontrances au roi. Eh bien, savez-vous ce qu'a fait Brienne? Il les a tous enfermés à la Bastille.

» Voilà, mes amis, le joli gâchis où nous sommes. Pour avoir fait entendre des paroles de vérité au roi, M. l'abbé Sabatier est enfermé au Mont-St-Michel, M. Fréteau dans la citadelle de Doullens, M. d'Espréménil aux îles Ste-Marguerite, M. de Montsabert au château de Pierre-Encise et douze députés bretons à la Bastille. »

En revenant chez nous, La Perrière disait :

« Ça finira mal pour Brienne, et ça finira encore plus mal pour le roi, mais j'espère que ça finira mieux pour le peuple. Attendons les Etats généraux.

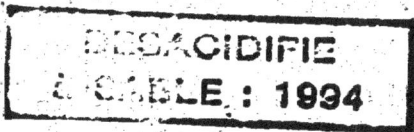

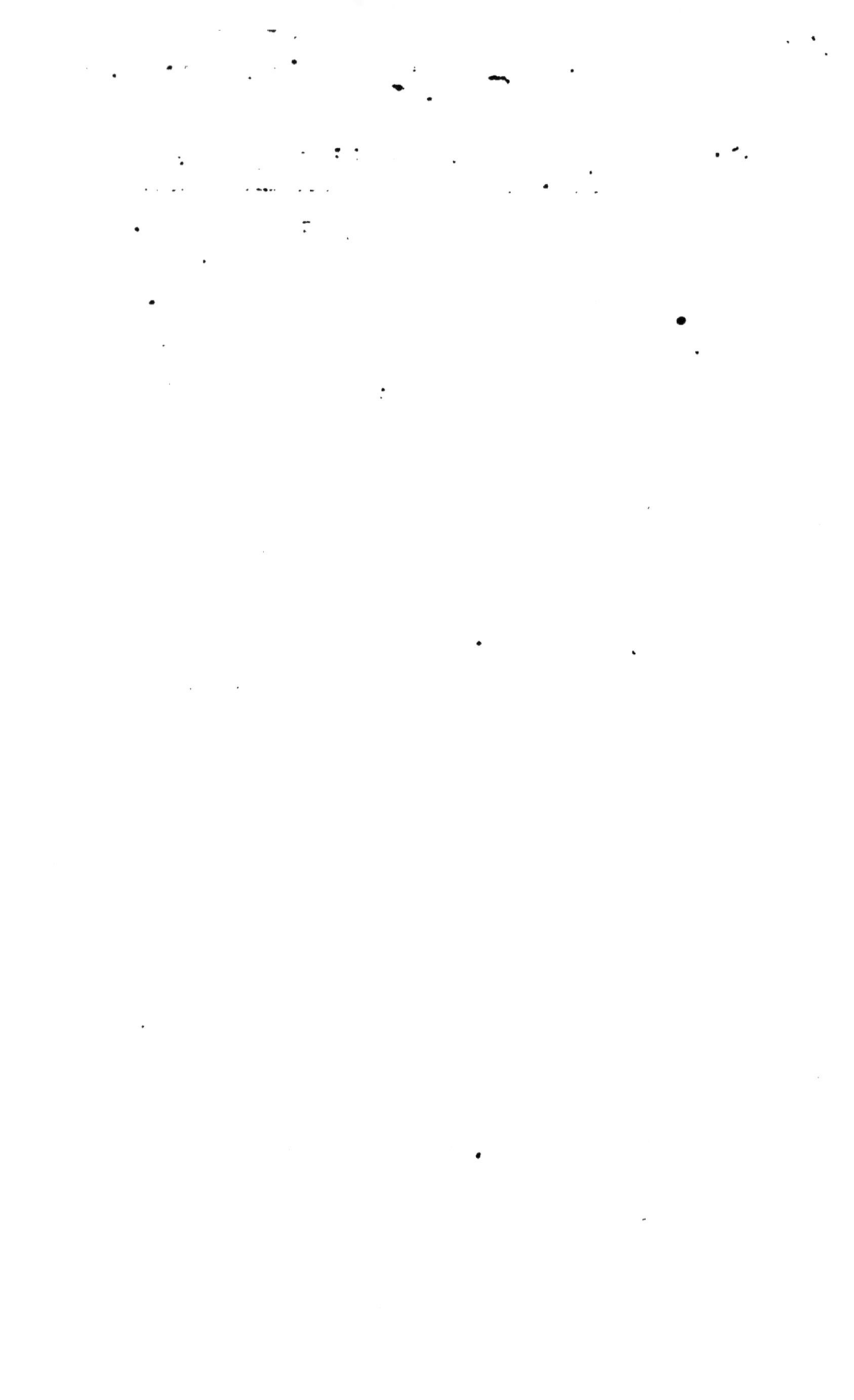

www.ingramcontent.com/pod-product-compliance
Lightning Source LLC
Chambersburg PA
CBHW072115090426
42739CB00012B/2975